Brujería Moderna e Incienso

Descubra los secretos de la adivinación, los guías espirituales y la protección psíquica

© Copyright 2025

Todos los derechos reservados. Ninguna parte de este libro puede ser reproducida de ninguna forma sin el permiso escrito del autor. Los revisores pueden citar breves pasajes en las reseñas.

Descargo de responsabilidad: Ninguna parte de esta publicación puede ser reproducida o transmitida de ninguna forma o por ningún medio, mecánico o electrónico, incluyendo fotocopias o grabaciones, o por ningún sistema de almacenamiento y recuperación de información, o transmitida por correo electrónico sin permiso escrito del editor.

Si bien se ha hecho todo lo posible por verificar la información proporcionada en esta publicación, ni el autor ni el editor asumen responsabilidad alguna por los errores, omisiones o interpretaciones contrarias al tema aquí tratado.

Este libro es solo para fines de entretenimiento. Las opiniones expresadas son únicamente las del autor y no deben tomarse como instrucciones u órdenes de expertos. El lector es responsable de sus propias acciones.

La adhesión a todas las leyes y regulaciones aplicables, incluyendo las leyes internacionales, federales, estatales y locales que rigen la concesión de licencias profesionales, las prácticas comerciales, la publicidad y todos los demás aspectos de la realización de negocios en los EE. UU., Canadá, Reino Unido o cualquier otra jurisdicción es responsabilidad exclusiva del comprador o del lector.

Ni el autor ni el editor asumen responsabilidad alguna en nombre del comprador o lector de estos materiales. Cualquier desaire percibido de cualquier individuo u organización es puramente involuntario.

Su regalo gratuito

¡Gracias por descargar este libro! Si desea aprender más acerca de varios temas de espiritualidad, entonces únase a la comunidad de Mari Silva y obtenga el MP3 de meditación guiada para despertar su tercer ojo. Este MP3 de meditación guiada está diseñado para abrir y fortalecer el tercer ojo para que pueda experimentar un estado superior de conciencia.

https://livetolearn.lpages.co/mari-silva-third-eye-meditation-mp3-spanish/

¡O escanee el código QR!

Índice

PRIMERA PARTE: BRUJERÍA MODERNA.. 1
    INTRODUCCIÓN 3
    CAPÍTULO 1: LA BRUJERÍA A TRAVÉS DE LOS TIEMPOS 4
    CAPÍTULO 2: FIESTAS Y CREENCIAS DE LA BRUJERÍA.......................... 14
    CAPÍTULO 3: LOS ELEMENTOS 24
    CAPÍTULO 4: DIOSES Y DIOSAS EN LA BRUJERÍA................................... 34
    CAPÍTULO 5: LAS CARTAS DEL TAROT.. 49
    CAPÍTULO 6: ADIVINACIÓN RÚNICA... 57
    CAPÍTULO 7: ADIVINACIÓN CON CRISTALES 70
    CAPÍTULO 8: MAGIA LUNAR 82
    CAPÍTULO 9: GUÍAS ESPIRITUALES.. 93
    CAPÍTULO 10: MAGIA RITUAL 103
    CAPÍTULO EXTRA: EL GLOSARIO DE LAS HIERBAS 111
    CONCLUSIÓN 115
SEGUNDA PARTE: SAHUMERIOS 117
    INTRODUCCIÓN 119
    CAPÍTULO 1: EL PODER DE LA LIMPIEZA 121
    CAPÍTULO 2: IDENTIFICACIÓN DE LA ENERGÍA NEGATIVA............. 132
    CAPÍTULO 3: ANTES DE EMPEZAR 142
    CAPÍTULO 4: HIERBAS, RESINAS Y ACEITES.. 151
    CAPÍTULO 5: CÓMO LIMPIAR CON SAHUMERIOS 164
    CAPÍTULO 6: ALTERNATIVAS AL SAHUMERIO...................................... 176
    CAPÍTULO 7: CÓMO CREAR SUS PROPIOS MATERIALES 187

CAPÍTULO 8: MÉTODOS DE PROTECCIÓN PSÍQUICA 196
CAPÍTULO 9: LOS CRISTALES Y LA DEPURACIÓN 208
CAPÍTULO 10: LA CURACIÓN MEDIANTE EL SAHUMERIO 220
CONCLUSIÓN 230
VEA MÁS LIBROS ESCRITOS POR MARI SILVA 232
SU REGALO GRATUITO 233
REFERENCIAS 234
FUENTES DE IMAGENES 244

Primera Parte: Brujería moderna

Desvelando los Secretos de las Runas Nórdicas, la Adivinación, las Guías Espirituales, la Lectura del Tarot, los Hechizos Lunares y los Rituales Mágicos

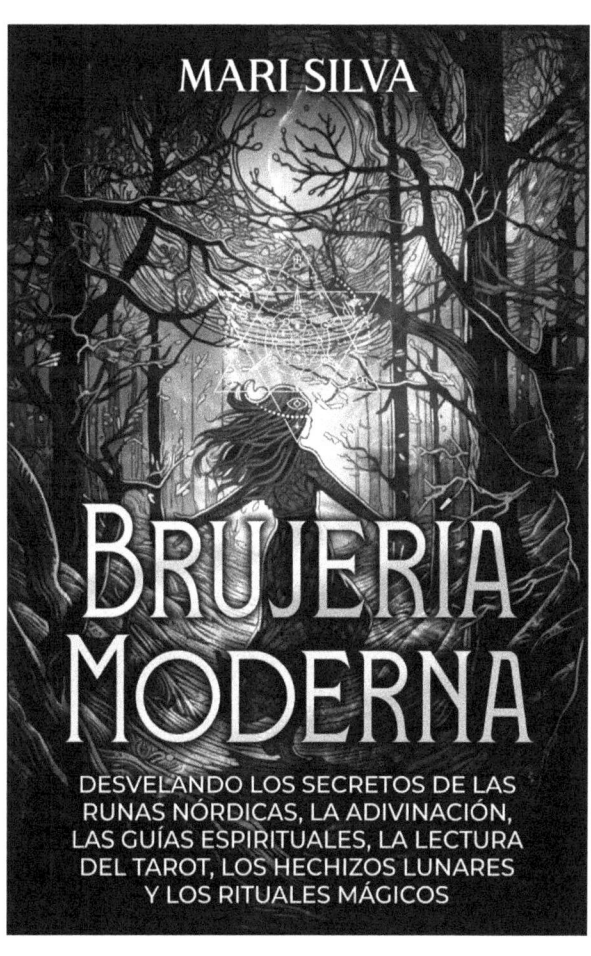

Introducción

¿No merecemos todos un poco de magia en nuestras vidas? ¿Se ha centrado la gente tanto en la ciencia y la tecnología que ha perdido la capacidad de pensar más allá del mundo del día a día y de preguntarse qué hay en otros reinos? Los antepasados humanos conocían la importancia de tener una mente abierta y reconocer que existen energías y seres superiores fuera de su esfera habitual de conocimiento. Desarrollaron herramientas, hechizos y rituales que pedían a estos seres superiores que entraran en sus vidas y trajeran consigo su poderosa energía.

Por supuesto, algunas de estas prácticas se centraban en energías negativas. Se las calificaba de satanismo o de trabajar con el diablo, pero estos ejemplos no deberían dar mala fama a la brujería. La sociedad moderna está empezando a buscar más fuerzas sobrenaturales y a hacerlas parte de la vida normal, ¿y por qué no deberías hacerlo tú? Pensemos en la palabra sobrenatural. La naturaleza es asombrosa, y todos reconocemos ese hecho, así que imagina recurrir a una fuente que se haya SOBRE dicha naturaleza. ¿No sería algo super increíble?

Estás a punto de descubrir cómo estar más en contacto contigo misma, con tu subconsciente y con el conjunto de fuentes de energía naturales y sobrenaturales disponibles. Tienes el control y los medios para explorar estas fuentes con seguridad y con el conocimiento de que puedes mejorar tu vida. Hay grandes cosas ahí fuera, ¿y por qué no deberías tenerlas tú? Forma parte del mundo de la magia y descubre tu equipo espiritual, que te ha estado esperando desde antes de tu concepción. Son benévolos, cariñosos y pronto formarán parte de tu vida. ¿Estás listo para lanzarte y empezar? ¡Adelante!

Capítulo 1: La brujería a través de los tiempos

Cronología de la brujería

La humanidad primitiva necesitaba encontrar formas de sobrevivir. Necesitaban cobijo y comida para mantener a sus comunidades seguras y sanas. Imagínate que entonces eras un cazador-recolector y tenías que encontrar la manera de llevar comida a casa para tu grupo. No había información sobre cómo atrapar a tus presas; tenías que utilizar los materiales que tenías a mano. La humanidad primitiva utilizaba rituales mágicos relacionados con la fertilidad de los humanos. Atraían a los animales vistiendo las pieles de sus presas rematadas con cuernos o astas para mostrar su fuerza y liderazgo.

Los brujos o chamanes celebraban elaboradas ceremonias para dar las gracias a la diosa de la caza y a la dueña

Los chamanes celebraban elaboradas ceremonias para dar las gracias a la diosa de la caza [1]

de los rebaños y los peces. Una de las primeras representaciones de la brujería primitiva se encontró en los Pirineos franceses y se llamó el Brujo Danzante. Un ser mágico con pies humanos, los grandes ojos redondos de un búho, los genitales de un gran felino y la cola de un caballo o un perro salvaje, todo ello rematado con la impresionante cornamenta de un ciervo. La figura también tenía las patas delanteras de un león y estaba cubierta de pieles de animales. Se cree que la imagen data del año 1400 a. C. y se considera el registro más antiguo de brujería jamás encontrado.

A medida que el hombre se fue desarrollando y entró en el Neolítico, la Luna y el triple ciclo mágico empezaron a influir en sus prácticas. Las imágenes de la diosa triple y el ciclo de la fertilidad adquirieron mayor importancia. Los hombres habían empezado a depender más de la agricultura para alimentar a sus comunidades, y el enfoque de su magia cambió en consecuencia. Un trío de estatuas de piedra dedicadas a la Triple Diosa, la doncella, la madre y la arpía, se encontraron en cuevas de Francia y se cree que se originaron entre el 1100 y el 1300 a. C.

La cronología más tradicional de la brujería se remonta a Egipto y la antigua Sumeria, donde los artefactos sugieren que la brujería y la magia eran importantes, y los libros de hechizos de alrededor del año 3000 a. C. contenían conjuros mágicos y rituales dedicados a resucitar a los muertos y proteger a los vivos.

La Biblia también hace referencia a múltiples brujas, a la adivinación y a los complejos poderes de la magia. La bruja de Endor es llamada a consulta por el rey Saúl, y predice la muerte de Saúl y sus hijos en una batalla contra los filisteos. Al día siguiente, los hijos de Saúl murieron en el campo de batalla, y Saúl estaba tan angustiado que se quitó la vida. Se cree que estas referencias datan de alrededor del año 900 a.C. Son solamente algunas de las muchas referencias a la brujería y la magia tan comunes para entonces.

La emperatriz Wei, que gobernó en China desde el año 129 a. C. hasta el 91 a. C., fue acusada de practicar magia negra para ayudarse a quedar embarazada. Fue desterrada de la capital junto con cientos de personas que la ayudaban, y todas ellas fueron ejecutadas por su participación en la práctica de la brujería. Los romanos y los griegos también se dejaron registros acerca de la práctica de la brujería: para los romanos era una práctica certificada, o más bien, una forma positiva de hacer magia, mientras que los griegos veían el oficio de forma más negativa.

En América, la brujería era una embriagador sincretismo de creencias culturales, con el hoodoo, el vudú y el cristianismo como partes de la mezcla. La esclavitud hizo que las creencias de origen africano empezaran a formar parte de la cultura estadounidense y se mezclaran con creencias más tradicionales para dar lugar a la brujería en la que la gente creía y practicaba. Muchos grupos culturales desplazados utilizaban la brujería para hacer sus vidas más aceptables y luchar contra las inequidades que percibían en la sociedad. Los hechizos se realizaban a menudo para mejorar sus vidas y luchar contra las injusticias endémicas a las que se enfrentaban los esclavos, como una forma de luchar contra los amos que los controlaban. Las creencias cristianas se mantuvieron para enmascarar su origen de brujería y, con el tiempo, se convirtieron en parte de la manera en que se usa la magia hoy en día.

La Edad Media fue la época más documentada de la brujería, y muchos historiadores se centraron en las cacerías y los juicios a los que se enfrentaron los hechiceros. En el siglo XVI y los años anteriores a esta época, la magia se consideraba una práctica aceptable y formaba parte del culto y las creencias habituales. Incluso la Iglesia consideraba que la magia no era más que superstición —nada que temer o incluso reconocer—, mientras que el resto de la población creía y practicaba muchas formas de magia y brujería hasta que la Iglesia cambió su percepción.

En 1484, la Iglesia cambió su postura en un intento de convencer a la población de que las creencias paganas y la magia eran malvadas y que los únicos seres capaces de tal magia eran Dios y los Espíritus Santos. Se promulgó un edicto en el que se afirmaba que las brujas eran reales y que debían ser perseguidas y responsabilizadas de sus prácticas malignas. En toda Europa se escribieron textos que describían cómo detectar a estas brujas malvadas y qué buscar. Se designaron cazadores de brujas para librar a las comunidades de las sospechosas por brujería y de las personas que las apoyaban. Las mujeres mayores solteras eran especialmente vulnerables al escrutinio, y las mujeres que vivían solas también estaban bajo sospecha.

El auge del protestantismo también contribuyó al furor, y tanto católicos como protestantes formaron comités y jurados para juzgar a las brujas y enviarlas a su destino. La religión desempeñaba un papel tan importante en la sociedad que las brujas y su persecución estaban en el punto de mira de todo el mundo, lo que condujo a un sistema de miedo y sospecha. Un simple rumor podía iniciar una gran campaña contra individuos o incluso familias, y mucha gente vivía con miedo a ser perseguida. En el punto álgido del pánico a las brujas, se cree que fueron ejecutadas entre 40.000 y 50.000 personas, la mayoría mujeres.

Cuando se calmó el pánico europeo, la cultura de las brujas cruzó el océano y encontró un nuevo hogar en las colonias. América era ya un hervidero de influencias culturales cuando la ciudad de Salem se convirtió en el centro de las nuevas supersticiones sobre la brujería. Tres mujeres fueron acusadas de ser brujas e iniciaron una vorágine de acusaciones y persecuciones; estas audiencias se conocen ahora como los Juicios de las Brujas de Salem. Las mujeres fueron acusadas de lanzar hechizos que llevaron a la posesión de tres niñas del pueblo, lo que provocó que se convirtieran en herramientas del Diablo. La hija del reverendo París y sus dos primas actuaban de forma irracional y sufrían ataques inexplicables. Las niñas afirmaban que Sarah Good, una anciana pobre, Sarah Osborne, una mendiga sin hogar y Tituba, la sirvienta del reverendo, eran culpables de brujería.

Tituba confesó el crimen y fue indultada. Osbourne murió antes del juicio y la señora Good fue ahorcada. Se convirtió en la primera "bruja" ejecutada en suelo estadounidense, y su muerte provocó una ola de paranoia y sospechas que se extendió rápidamente por las colonias. Más de 200 personas fueron acusadas y al menos 20 ejecutadas. La situación se sofocó en 1693 con una carta de Benjamin Franklin en la que tachaba la situación de ridícula y sin base en la verdad. En Europa, el año 1700 también marcó el fin de las supersticiones y el miedo en torno a la brujería. Se aprobaron leyes que establecían que cualquiera que afirmara ser bruja sería acusada de fraude, porque las brujas no eran reales y no tenían poder.

Aunque la brujería nunca desapareció realmente, la histeria que la rodeaba se disipó y otras religiones y creencias se hicieron más frecuentes. A principios de la década de 1920, una erudita inglesa que estudiaba y enseñaba egiptología publicó un libro titulado "*The Witch Cult in Western Europe*" (El culto de la brujería en Europa occidental) en el que afirmaba que las brujas practicaban sacrificios de animales y niños, además de decir que los aquelarres, dirigidos por el mismísimo Diablo, formaban parte de la cultura y existían en toda Europa. Sin embargo, en la década de 1930 publicó otro libro en el que cambió su percepción y proclamó que la brujería era la religión antigua que existía antes del cristianismo y que debía incluirse en la cultura moderna.

Fue en la década de 1950 cuando el resurgimiento del paganismo empezó a ponerse de moda con la aparición de Gerald Gardner y su libro *Modern Witchcraft* (Brujería moderna). Inició un movimiento conocido como Wicca y consultó con el infame Aleister Crowley para crear rituales, hechizos y otras tradiciones mágicas paganas que trabajaban con las estaciones, los equinoccios y los solsticios. En 1953, Gardner nombró a una mujer inglesa, Doreen Valiente, como su suma sacerdotisa del aquelarre conocido como Bricketwood Coven. Esta mujer fue una figura influyente que había practicado la magia desde la infancia y era una consumada defensora de la Wicca.

Doreen se convirtió en una de las voces más influyentes de la magia moderna y escribió cinco libros sobre este oficio. Su obra animaba a los lectores a investigar más y defendía que la Wicca podía ser practicada por cualquiera, sin necesidad de ser un iniciado y formar parte del movimiento oficial de la Wicca. Su legado le definió como "La maestra de la magia moderna", ya que ella fomentó el crecimiento de la Wicca hasta su muerte en 1999.

La brujería moderna hoy

La wicca y otras creencias paganas se han hecho más populares desde la década de 1970, y cada vez más gente se decanta por religiones alternativas en lugar de conformarse con las tradicionales. Están abrazando la magia basada en la naturaleza y utilizando tradiciones paganas para marcar los cambios de estación y la forma de vivir con la magia de la naturaleza. La gente está abandonando las religiones más tradicionales y sustituyéndolas con espiritismo. Prefieren distanciarse de las iglesias establecidas debido a sus relaciones con escándalos y creencias limitantes en cuanto a lo que sus seguidores pueden hacer. La religión juzga, pero los miléniales no están dispuestos a que nadie les diga lo que deben hacer y a qué les pongan castigos en caso de querer elegir caminos diferentes.

Los miléniales están bien informados y no tienen restricciones a la hora de elegir. Saben lo que hay ahí fuera y pueden conectarse con el resto del mundo con solamente pulsar un botón. Pueden acceder fácilmente a información sobre el hinduismo, la wicca, el budismo y otras religiones y sistemas de creencias, y chatear con practicantes de todo el mundo. Esto es a la vez liberador y paralizante, ya que demasiadas opciones podrían significar que no elijan por miedo a equivocarse. La espiritualidad, un término general, les da la libertad de trabajar con otras personas dedicadas a abandonar el consumismo y colaborar para hacer del mundo un lugar mejor.

La brujería se ha ampliado para incluir muchas prácticas diferentes que se adaptan a la sociedad moderna. Las brujas de la nueva era están por todas partes y ya no tienen que temer a la sociedad. Practican a la vista de todos o en sus casas, según sus preferencias, y forman parte del nuevo sistema de creencias, más incluyente y de mente más amplia.

Tipos de brujas

Primero que todo, eliminemos la imagen de los cuentos de terror según la cual, las brujas dan miedo con sus caras verrugosas, su piel verdosa, y que quieren atrapar princesas inocentes. Las brujas no son ocultistas ni siervas del Diablo, pero sí son sobrenaturales. ¿Qué es lo sobrenatural? Tradicionalmente, sobrenatural significa un fenómeno que está más allá de las leyes de la naturaleza y de la comprensión científica, pero en términos de brujería, puede ser más literal. Las brujas son sobrenaturales porque trabajan con el poder del mundo natural y entienden cómo utilizarlo. Las brujas modernas son gente normal, como tú y como yo, pero suelen ser curanderas consumadas que trabajan con la naturaleza para aportar magia al mundo. No son parias; están aceptadas en la sociedad y todas se identifican con ciertas características. Mira la siguiente lista y comprueba si te identificas con la brujería o si reconoces alguna que te resulte familiar.

Brujas tradicionales

A menudo denominadas brujas populares, estas practicantes suelen trabajar en aquelarres y realizar hechizos más tradicionales. Prefieren trabajar con espíritus antiguos relacionados con su región y conocen como ha sido su oficio a través de los tiempos. Si conoces a una bruja tradicional, aprenderás mucho sobre los orígenes de la brujería, su historia y de la literatura correspondiente.

Brujas ceremoniales

Estas hechiceras son más reservadas que otras brujas que trabajan con magia ceremonial. Creen en el poder de la alta magia y sus prácticas tienen un cierto orden jerárquico. Las brujas ceremoniales obtienen autoestima de su magia y pretenden llegar a ser más cultas y consumadas.

Brujas de la cocina

Una de las formas más populares de brujería consiste en hacer magia en el corazón de la casa y en la cocina. Las brujas de cocina crean pociones y alimentos para curar y atraer la suerte y el amor a sí mismas y a sus seres queridos. Suelen ser expertas jardineras y tener una fuente sostenible de ingredientes en casa. Las brujas de cocina trabajan con ingredientes de temporada y siguen recetas transmitidas de generación en generación por sus familias.

Brujas verdes

También llamadas brujas del bosque, estas practicantes trabajan al aire libre con la magia de la naturaleza. Tienen un profundo conocimiento de las plantas y hierbas y una poderosa conexión con los elementos. La bruja verde suele trabajar con brujas de cocina, colaborando en la elaboración de platos y pociones mágicos y saludables a partir de los ingredientes de estas.

Brujas del lar

Otra forma de artesanía se centra en el hogar. Todo el mundo sabe que el lar o chimenea era el lugar tradicional de la casa donde la familia se reunía y compartía sus experiencias en épocas pasadas. Las brujas del lar suelen ser hábiles artesanas y utilizan productos y materiales naturales para crear su magia. Utilizan sus habilidades para atraer energía positiva y curativa a sí mismas y a sus hogares. Aunque la mayoría de los hogares modernos no tienen chimeneas o lares tradicionales, este tipo de brujería sigue siendo eficaz y popular.

Brujas del seto

Aunque el nombre sugiere cierta relación con el tipo de arbusto, en la magia, un seto significa algo diferente. El seto es la barrera entre este mundo y el reino espiritual. Las brujas del seto tienen experiencia como comunicadoras y utilizan su magia para hablar con los espíritus y traer sus mensajes a este mundo. Utilizan el viaje astral o los sueños lúcidos para establecer sus conexiones. Son expertas en separar su alma de su cuerpo físico para que pueda viajar entre los dos mundos.

Algunas culturas se refieren a este tipo de brujo como chamán, seidr o brujo astral.

Brujas cósmicas

Estas brujas utilizan la astrología y la astronomía para potenciar su magia. Extraen energía de las estrellas y los cielos y la utilizan para realizar rituales y hechizos. Las brujas cósmicas estudian las cartas natales y utilizan la alineación de los planetas y las estrellas para guiarse durante su trabajo. La brujería cósmica implica muchos detalles y atrae a las personas que creen en el poder del cosmos.

Brujas de Augurio

Estas brujas confían en su magia para ver el futuro y adivinar lo que puede ocurrir en el mismo. Utilizan presagios, cartas del tarot y otras herramientas para buscar señales, y también pueden trabajar con los animales y el mundo natural. Las brujas de augurio suelen entrar en trance y meditación cuando realizan su magia y trabajan con el mundo espiritual y la naturaleza para crear sus visiones y mensajes.

Brujas nórdicas

Estas brujas siguen las antiguas tradiciones nórdicas y estudian a Odín y Freya. La religión nórdica de Asatru está llena de conexiones mágicas y poderes que se originaron en los antiguos dioses y diosas que forman las creencias que siguen hoy en día. Asatru es popular porque sus seguidores no adoran a sus deidades. Creen que tienen cualidades humanas y son tan propensos a cometer errores como los hombres normales. Las leyendas nórdicas suelen describirlos como bufones borrachos o idiotas pendencieros a los que se puede engañar y llevar por mal camino. Estas cualidades humanas los convierten en algunas de las deidades más accesibles de las creencias paganas y contribuyen a su popularidad.

Brujas elementales

Estas brujas trabajan con elementos y lanzan sus hechizos utilizando el poder de la naturaleza. Más adelante, en el libro, se examinarán más de cerca los elementos y su lugar en la brujería.

Brujas mágicas

Los Fae son criaturas míticas parecidas a hadas que aparecen en la mitología celta y son representativas de fenómenos naturales. Las brujas conectan con las criaturas y extraen energía de ellas para alimentar su magia. Este tipo de práctica está relacionada con la brujería verde, pero se centra en las hadas y en la conexión que tienen con la naturaleza.

Brujas lunares

Al igual que las brujas cósmicas, estas practicantes se centran en los cielos, especialmente en la luna. Utilizan rituales y hechizos llenos de energía lunar, y los hechizos que lanzan se explicarán más adelante en el libro.

Brujas solares

Estas brujas utilizan el poder del sol para dar energía a sus herramientas y hechizos. Canalizan el sol para aportar luz y positividad a su magia. Suelen realizar sus rituales o su magia al amanecer o al atardecer para que estos se vean potenciados por la energía solar.

Brujas del mar

Estas brujas trabajan con el poder del agua, especialmente del mar. Trabajan con espíritus y entidades que viven en las olas y tienen rituales que las conectan con ciertas deidades. Su entorno suele dictar la magia de las brujas marinas, que también trabajan con otras masas de agua, como lagos y ríos.

Brujas seculares

Estas brujas no creen en bendiciones o poderes divinos. No tienen ninguna conexión con deidades u organismos religiosos y creen únicamente en el poder de diez mundos naturales. Esto no significa que no haya brujas seculares religiosas. Pueden seguir una religión, pero separan las dos partes de su vida para que la magia y la religión no se influyan mutuamente.

Brujas del caos

Estas brujas encarnan el caos natural del mundo. Creen que crear energías ruidosas y conflictivas alimenta su magia. Muchas brujas practican en condiciones de calma y serenidad que les ayudan a conectar con los espíritus, pero las brujas del caos hacen todo lo contrario. Hacen ruidos fuertes y prosperan con la energía que crean. También trabajan bien con climas turbulentos y les encanta realizar rituales en tormentas y condiciones meteorológicas caóticas. Ten cuidado de las brujas del caos, ya que normalmente favorecen las maldiciones y los maleficios en su práctica, por lo que si las enfadas, puedes sentir su ira.

Brujas eclécticas

Estas brujas practican múltiples tipos de magia y siempre están abiertas a nuevas ideas. Ecléctico es un término genérico para describir a las brujas que adoptan diferentes formas de magia. Entienden que las conexiones naturales conducen a puntos en común en la magia. Por ejemplo, la bruja lunar y la bruja del mar compartirán ciertas energías porque los ciclos lunares afectan al mar.

No importa con qué tipo de bruja te identifiques. No hay reglas rígidas sobre tus creencias y de dónde sacas tu energía. Tal vez practiques un estilo de brujería que no se menciona aquí. Tampoco pasa nada; al igual que en el mundo normal, las etiquetas son menos importantes que las intenciones. Utiliza el nombre que tú quieras, ya que las brujas son poderosas e importantes, sea como sea.

Capítulo 2: Fiestas y creencias de la brujería

¿Qué es la Rueda del Año?

La Rueda del Año muestra los ciclos de la naturaleza, que constituyen la base de la magia[1]

Cuando la gente oye hablar de rituales paganos y brujería, suele pensar en rituales oscuros en las celebraciones del solsticio de invierno y verano que ofrecen culto para realizar magia oscura y conectar con espíritus de otro mundo. En realidad, la verdadera rueda del año es mucho más que un calendario pagano. Sus orígenes se remontan a culturas paganas y neopaganas, pero su significado real tiene mucho más que ver con la creación divina y los ciclos de la naturaleza, que constituyen la base de la magia y la brujería. Si de verdad quieres entender cómo celebraban tus antepasados, las estaciones y las condiciones cambiantes en las que vivían, tienes que estudiar la rueda del año y las celebraciones que representa.

¿Por qué miras el calendario? Los cumpleaños, las vacaciones, las citas con el dentista y otras razones mundanas son las principales razones por las que la gente lleva calendarios, pero imagina cómo era en la época precristiana, antes de la era tecnológicamente avanzada. Las personas que vivían milenios atrás no contaban con la ventaja de la electricidad y otras energías modernas. Cuando oscurecía, solamente tenían velas y fuego para iluminar sus hogares, y cuando cambiaba el tiempo, necesitaban saber qué crecería y qué no para alimentarse. Necesitaban cosechas abundantes, y su conocimiento de los cambios cíclicos de la naturaleza tenía que formar parte de ese proceso para producir los alimentos que necesitaban cuando las estaciones eran favorables.

La rueda del año se divide en ocho sabbats que representan puntos del año que marcan un cambio de estación. Cada uno de ellos tiene poderes y características individuales que se celebran en consecuencia. Algunos son los solsticios, los equinoccios y los días en que se cruzan los cuartos, que son hitos importantes a lo largo del año civil. Imagínate la emoción y la alegría que sentiría la comunidad cuando terminara el invierno y surgieran los brotes frescos y las flores de primavera. Imagina la esperanza y el asombro cuando sus animales empezaban a producir crías que pondrían carne en la mesa familiar y asegurarían su supervivencia un año más.

Hoy en día, la rueda del año es menos importante. La gente come alimentos importados, y la única forma en que las estaciones afectan a sus vidas es a través de la ropa que llevan. Los paganos modernos, los wiccanos y otros grupos de brujería son diferentes. Entienden que el poder de la naturaleza sigue siendo cíclico y que los rituales y la magia de la rueda del año pueden ayudar a la gente a aprender más sobre el mundo natural y cómo cuidarlo. Por mucho que te cueste entenderlo, la humanidad está intrínsecamente ligada a la naturaleza y no es sano desconectarse de ella. Es espiritualmente gratificante desprenderse de las costumbres modernas y volver a sintonizar la mente con la naturaleza y sus estaciones cambiantes, por lo que la rueda del año es una guía eficaz para honrar los ciclos de la naturaleza.

Los ocho Sabbats

Empecemos por el que quizá sea el sabbat más conocido, Samhain. Aquí comienza la rueda del año y el día en que la gente reconoce que el verano se ha ido y las noches empiezan a acercarse.

Samhain 31 de octubre - 1 de noviembre

El Samhain fue evolucionando hasta convertirse en el *All Hallows Eve*, también conocido como *Halloween* en tiempos más modernos. En algunos países, los niños salen disfrazados para pedir "truco o trato" a sus vecinos y recibir dulces y golosinas de ellos. La forma más tradicional de celebrar Samhain era sacrificar animales y almacenarlos para prepararlos para el invierno, además de conservar otros alimentos. La fiesta de Samhain representaba hacer el inventario previo necesario para prepararse para los meses fríos.

El Samhain es cuando el velo entre los vivos y el mundo espiritual es más delgado, y los seres del otro mundo pueden cruzarlo fácilmente para entrar en el mundo físico. Se encendían hogueras para limpiar la zona, y los celebrantes dejaban comida y bebida para alimentar a los espíritus que los visitaban. La Iglesia católica adoptó al Samhain como Víspera de Todos los Santos para señalar que es un día en el que celebra a los muertos y se recuerda su paso por la Tierra.

Es un momento para reflexionar y hacer balance espiritual. En Samhain, celebra el regreso de la oscuridad y la intensificación de las conexiones espirituales. Aprovecha las celebraciones para marcar los finales y los nuevos comienzos para poder empezar de nuevo.

Correspondencias

Naturaleza: Calabaza y calabacín, piñas, hongos, champiñones, tubérculos

Símbolos: Calabazas y zapallos para tallar, esqueletos, árboles, antepasados y la arpía

Colores: Rojo, negro, marrón, naranja y amarillo

Utiliza los ingredientes para preparar sustanciosos guisos y comidas para ti y tu familia. Cocina por lotes en el congelador y conserva las verduras de tu huerto o de la cocina, así no desperdiciarás nada. Haz mermelada con la fruta que te sobre y guárdala en los armarios para el invierno.

Ritual de Samhain

Decora una habitación con correspondencia relevante y fotos de tus familiares fallecidos. Enciende una vela roja y cierra los ojos. Pide a los espíritus de tus antepasados que te visiten y te guíen en tu vida. Pídeles que te aconsejen sobre aspectos concretos y que te envíen mensajes. El velo entre los dos mundos es muy fino y es el momento perfecto para conectar con ellos.

Solsticio de invierno 21 de diciembre

También conocido como *Yule*, es el punto más oscuro de la rueda. En términos modernos, el 21 de diciembre es el día más corto del año y marca el final del acortamiento de los días y el alargamiento de las noches. Los antiguos sabían lo especial que era esta época del año y por tanto lo celebraban. Hacían regalos, perdonaban las transgresiones morales y ofrecían sacrificios y regalos al dios Saturno. Es una época de transformación y renacimiento, por lo que la magia se centra en estas energías. Mientras el resto del mundo se prepara para la Navidad, usted puede celebrar Yule quemando un tronco de Navidad e invitando a sus amigos y familiares a un gran banquete.

El solsticio de invierno es una época de descanso, y los paganos buscan inspiración en la naturaleza. Las abejas han sellado sus colmenas, los árboles están desnudos y las plantas perennes se nutren de los nutrientes almacenados. La naturaleza se toma un descanso, y tú deberías hacer lo mismo. Tómate tu tiempo para nutrir tu alma y tu mente acurrucándote bajo las mantas y leyendo. Come alimentos para el corazón y repón tus energías.

Correspondencias

Naturaleza: Cítricos, canela, menta, romero y salvia

Símbolos: El pino, el acebo, las estrellas, los troncos, el hogar, los renos y las velas

Colores: Rojo, dorado, verde, blanco y plateado

Ritual de Yule

Enciende una vela roja y otra verde para pedir a los espíritus que te ayuden a encontrar la paz. Cierra los ojos y reflexiona sobre el último año y lo que has conseguido. Imagina que una luz blanca te rodea y te mantiene libre de todo daño. Ahora respira profundamente dos veces y siente cómo la paz desciende y llena tu cuerpo. Apaga las velas y agradece a los espíritus su presencia.

Imbolc 31 enero - 1 febrero

Este es el sabbat que celebra el comienzo de la primavera para los paganos. A medida que las campanillas de invierno se abren paso a través de la dura tierra y aparecen los primeros signos de nueva vida, es el momento de celebrar el renacimiento. El sol ha empezado a aparecer durante más tiempo, y es hora de dar la bienvenida a nuevos proyectos y plantar las semillas de la intención. En agricultura, es hora de preparar el terreno para el nuevo ciclo de siembra, y los mismos principios se aplican a la brujería. Tómate tu tiempo para limpiar tus herramientas mágicas y recargarlas a la luz del sol o de la luna.

Imbolc es el momento de dar la bienvenida a la luz y celebrar a la diosa Brigid. Es el símbolo de la nueva vida y se representa con una pequeña cruz hecha de juncos tejidos y colocada en la puerta de casa. Conecta con ella creando un altar relacionado con Imbolc y pidiéndole que te envíe energía y amor. Es la diosa de la creatividad y la curación, así que hónrala escribiendo un poema o plantando semillas para representar el renacimiento de la naturaleza.

Es una época mágica del año y el momento perfecto para conectar con la naturaleza. Cultiva tu propio jardín de hierbas o planta verduras resistentes para celebrar tu conexión. Planta campanillas de invierno y narcisos en tu jardín, o visita zonas de belleza natural para devolver la luz a tu vida.

Correspondencias

Naturaleza: Campanillas de invierno, narcisos, azafrán, patatas nuevas, verduras de primavera, pescado

Símbolos: La cruz, muñecos de paja, flores

Colores: Blanco, amarillo, azul claro, naranja, plata

Ritual de Imbolc

Crea un espacio sagrado en tu altar o mesa y coloca tres velas sobre él. Una blanca, una naranja y una verde funcionan bien, pero puedes utilizar cualquier vela que tengas a mano.

Enciéndelas y cierra los ojos mientras pides a los espíritus el don de la luz.

*"Enciende el fuego dentro de mi corazón y deja que la luz me guíe,
Acompáñame en el camino y mantén a salvo mi espíritu.
Las sombras que han gobernado la tierra ahora desaparecerán.
Y de su oscuridad ha brotado la primavera
Y con su vida y energía,
Que mi vida se renueve y me traiga fuerza y vigor".*

Cuando las velas se hayan consumido, da las gracias a los espíritus y termina el ritual.

Ostara o Equinoccio de Primavera 21 de marzo

Ahora la naturaleza está equilibrada y todos los días hay la misma cantidad de luz y oscuridad. Los árboles empiezan a florecer y el frío del invierno es solamente un recuerdo. Es tiempo de esperanza, optimismo, renacimiento y celebración. Ostara ha inspirado muchas tradiciones y costumbres pascuales, como la búsqueda de huevos y el conejo de Pascua. Celébralo preparando comidas y bebidas llenas de color y bondad. Comparte tu casa con amigos y familiares y fomenta las manualidades y las búsquedas en la naturaleza. Esconde huevos en el jardín para que niños y mayores se diviertan buscándolos y comiendo el fruto de su trabajo.

Correspondencias

Naturaleza: Narcisos, tulipanes, azafrán, patos, huevos, conejos

Símbolos: Huevos, liebres, conejos

Colores: Amarillo pastel, azul pálido, verde mar, rosa, morado

Ritual de Ostara

Decora tu altar con huevos y conejos de juguete. Coloca dos velas amarillas en la superficie. Enciéndelas y pide a los espíritus que te muestren el poder del renacimiento. Pídeles que llenen tu vida de luz y felicidad y que te aporten energía a ti y a tu magia. Apaga las velas y agradece a los espíritus su ayuda.

Beltane 1 de mayo

Este es realmente el comienzo del verano; la luz se expande y los días largos llaman. La naturaleza muestra su lado nutricio y el mundo es verde y abundante. Los antiguos paganos se llenaban de esperanza en el futuro en esta epoca, y encendían dos hogueras para aportar un humo purificador a sus celebraciones. Los granjeros paseaban al ganado entre los dos fuegos antes de conducirlo a los pastos de verano para que pastara. A continuación, las vacas saltaban sobre la paja encendida para evitar que las hadas les robaran la leche.

Los fuegos son una parte importante de las celebraciones de Beltane y las parejas jóvenes saltaban sobre las llamas para asegurar la concepción. Cuando el fuego se consumía, las mujeres embarazadas saltaban sobre él para proteger a sus hijos y traerles suerte. Las cenizas ya frías se esparcían por los cultivos para protegerlos y favorecer su crecimiento.

En los tiempos modernos la celebración cambió a Primero de Mayo, pero muchas tradiciones antiguas siguen vigentes. El palo de mayo suele verse en las plazas de los pueblos o en las comunidades más pequeñas, donde la población se reúne y baila. Las doncellas bailaban y animaban a los jóvenes a unirse a ellas, mientras que otras vendían guirnaldas de flores para aumentar su dote. Mayo y Beltane representan el florecimiento de la naturaleza y se asocian a menudo con la sexualidad y la concepción.

Haz magia basada en el crecimiento y la fructificación y celebra la nueva vida que está brotando. Crea una muñeca de mayo vestida de blanco y adornada con flores para adornar tu casa. Decora tu casa con flores frescas y cintas brillantes para crear un ambiente divertido, e invita a tus amigos a barbacoas y copas para que todos juntos esperen el verano con ilusión. Organiza paseos por la naturaleza con amigos y llévate cuadernos y un bolígrafo para anotar y dibujar lo que veas.

Correspondencias

Naturaleza: Espino, campanillas, bayas, rosas blancas, glicinas

Símbolos: Guirnaldas, flores, el palo de mayo, la doncella, flores blancas

Colores: Verde pálido, amarillo pastel, rosa, blanco, plata

Ritual de Beltane

Decora tu altar con flores frescas y velas blancas. Enciende las velas y pide a los espíritus que traigan amor y romance a tu vida o que fortalezcan cualquier relación actual. Pide un tiempo más cálido y luminoso para conectar con la naturaleza.

Litha o Solsticio de Verano 20-21 de junio

El pico de la rueda. Los días son más largos y el sol está fuerte. Este es el sabbat para honrar la energía solar y realizar magia relacionada con su poder. El sol es la razón principal por la que los humanos tienen vida, así que recuerda honrar las propiedades que dan vida, y es un momento para celebraciones al aire libre con grupos de personas compartiendo su comida. También es tiempo para el amor y la procreación, así que celebra tus relaciones y aprovecha el aire libre.

Utiliza ingredientes naturales para crear sabrosos dulces Litha, como pasteles de miel o galletas de lavanda. Haz una hoguera y celebra el cielo nocturno al calor de su luz. Litha es tiempo de exploración, así que visita lugares que te inspiren y te aporten felicidad. Ve a la playa, siente el sol en la cara al sumergir los pies en el mar y dale gracias a la naturaleza por su calidez. Busca comida y aprende sobre las diferentes riquezas que hay ahí fuera. Acuérdate de comprobar si las plantas son comestibles antes de utilizarlas en la cocina. Recoge frutos del saúco y seca las fragantes flores blancas para preparar un cordial para bebidas frescas o fríelas en masa para hacer sabrosos buñuelos.

Correspondencias

Naturaleza: Flor de saúco, rosas, lavanda, tomates, cebolletas, lechugas

Símbolos: El sol, conchas, fuego, flores, guirnaldas

Colores: Rosa brillante, amarillo, dorado, naranja, turquesa, aguamarina

Ritual de Litha

Tómate tiempo para conectar con la naturaleza creando un altar en el jardín. Añade un tazón con agua fresca, una vela amarilla y flores frescas. Enciende la vela y cierra los ojos. Respira el aire fresco y pide a la naturaleza que te bañe con su luz y positividad. Pide a los espíritus que traigan prosperidad y abundancia a tu vida y que te inspiren para ser más creativa. Apaga la vela y abandona el altar con agradecimiento y esperanza.

Lammas 1 de agosto

Las frutas están maduras, las cosechas están crecidas y es hora de recoger los frutos. La cosecha se acerca y es hora de disfrutar de la abundancia de la naturaleza. En términos mágicos, esto significa que es el momento de pasar tiempo con tus seres queridos y alimentarte de su energía. Tus habilidades psíquicas aumentarán y estarás más conectado con las vibraciones altas. Tus conexiones serán óptimas y es el momento de conectar con tus guías espirituales y pedirles que te guíen. Los festivales tradicionales ingleses de la cosecha representan la forma en que los antiguos paganos celebraban Lammas, donde llevaban regalos para los miembros menos afortunados de la comunidad.

Elije Lammas para trabajar como voluntario en albergues locales para personas sin hogar o hacer donaciones a organizaciones benéficas. Despeja tu casa y prepárala para los largos meses que se avecinan. Dona los objetos que vacíes y agradece las recompensas y el sustento que te da la Tierra.

Correspondencias

Naturaleza: Verduras, manzanas, trigo, maíz, rosas maduras

Símbolos: Una espiga de maíz, la guadaña y el pan

Colores: Rosa intenso, dorado, marrón, ámbar y rojo

Ritual de Lammas

Lammas es el momento perfecto para probar la repostería casera, sobre todo si no lo has hecho antes. Hornea una simple hogaza de pan y colócala en tu altar. Parte el pan en cuatro cuartos y colócalos en los puntos cardinales. Bendice el pan y rocíalo con agua antes de compartirlo con tu familia.

Mabon, el Equinoccio de Otoño 21 de septiembre

Este es el ciclo final de la cosecha, cuando se traen las últimas cosechas de los campos y se empieza a preparar el invierno. Las horas de luz se acortan y el aire se llena de una pizca de escarcha. Mabon es el momento de celebrar los últimos días soleados del verano y encender hogueras para celebrar banquetes. Las hojas caen y es hora de despojarse de algunas capas. Concéntrate en las dudas sobre ti mismo y en cómo deshacerte de ellas. Utiliza la magia para aumentar la confianza en ti mismo y el amor

Empieza un diario y haz una lista de deseos de las cosas que harás en el año siguiente.

Correspondencias

Naturaleza: Bellotas, hojas secas, piñas, castañas de Indias

Símbolos: Montones de verduras cosechadas, hojas, la guadaña y el pan

Colores: Rojo, naranja, ámbar, marrón, amarillo, dorado y morado

Ritual de Mabon

Cubre tu altar con una tela dorada y coloca encima dos velas rojas. Utiliza papel y lápiz para hacer una lista de las cosas que quieres cambiar de ti misma. Enciende las velas y quema el papel con cuidado mientras pides a los espíritus que te guíen. Observa cómo las cenizas caen al suelo e imagina que tus peores hábitos se alejan de ti. Apaga la vela y agradece a los espíritus su asistencia.

Puede que la rueda del año no sea tan importante en nuestra vida cotidiana como lo era para nuestros antepasados, pero es un fuerte vínculo con la naturaleza y el pasado. Tal vez te alerte sobre el cambio de las estaciones y te haga estar más en sintonía con el funcionamiento de la naturaleza para llevar comida y sustento a la mesa. Quizá te dé más motivos para conectar con tus amigos y con el mundo espiritual para sentir su energía y conexión. Te recordará que los ciclos forman parte de la vida y que las personas necesitan fluir con energía y formar parte de la maravilla de la naturaleza.

Capítulo 3: Los elementos

Existe la creencia común de que hay cinco elementos fundamentales en la brujería y en la vida normal, pero este capítulo incluye un elemento extra que a menudo se pasa por alto. El sexto elemento aportará niveles crecientes de poder a tu oficio y te ayudará a encontrar distintas formas de utilizarlo en tu trabajo. En el popular juego *World of Warcraft*, el poder del sexto elemento es evidente y forma parte del armamento; los estudios científicos utilizan el elemento libremente. ¿Qué es este poderoso elemento? Sigue leyendo y descubre exactamente lo que te has estado perdiendo.

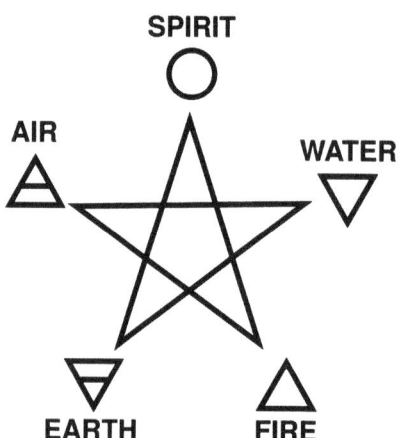

Los 5 elementos fundamentales [a]

Los seis elementos y cómo invocarlos en sus rituales

En brujería, muchos practicantes utilizan los cuatro puntos cardinales para dar poder a su magia, e invocan los cuatro pilares para crear un espacio y unos cimientos protectores que garanticen la seguridad de su trabajo. Los cuatro pilares son la Voluntad, el Conocimiento, la Osadía y el Tiempo de silencio, pero esa es otra rama de la magia. Los elementos que estás estudiando pueden utilizarse junto con estos sólidos cimientos y pilares para crear una energía mágica cohesiva que alimente tus hechizos y te proteja mientras trabajas.

Muchas brujas están familiarizadas con los cinco elementos habituales. Aun así, la adición del sexto te ayudará a crecer y a ser más eficaz, así que vamos a explorar los elementos y cómo introducirlos en tu mundo mágico.

Elemento Aire

Dirección Cardinal: Este

Color correspondiente: blanco o amarillo

Pilar: Conocimiento

El aire aporta energía a través de la más leve brisa o del más poderoso vendaval. Las semillas y el polen a se mueven a través del aire para dar vida a la tierra. El aire aporta inteligencia, habla, movimiento y otras innumerables fuerzas a tu magia. El aire es ligero e invisible, pero contiene una fuerza asombrosa que le imprime a los hechizos para viajar, conocer y encontrar lo perdido. El elemento aire crea la imagen de los cielos nublados. Representa cimas de montañas y llanuras barridas por el viento que te inspiran a ver el mundo.

Los hechizos de aire se realizan mejor en primavera e incluyen el uso de varitas y cristales como el citrino. Utiliza incienso y palos de sahumerio para invocar el elemento aire y apelar a las deidades que sigues para que te acompañen en tu tarea. Las deidades del aire incluyen una figura moderna del folclore americano, Aradia, que aparece en la popular obra de 1899 *El Evangelio de las Brujas*. Su nombre también está relacionado con una poderosa diosa italiana; es una figura clave con la que trabajar cuando utilices el elemento aire en tus hechizos.

Hechizos de aire

El Hechizo de la Creatividad y la Magia del Viento

Esto te ayudará a liberar su creatividad interior y a aumentar tu fuerza personal. Es una manera efectiva de identificar tus fortalezas y debilidades y permitir el crecimiento personal. Este hechizo te da una visión de tu propia forma y te permite conectar con los elementos y sentir su poder.

Lo que necesitas:

- Flores de primavera recién cortadas
- Instrumento de viento (cualquier cosa sirve, un pequeño silbato o una flauta dulce barata funcionan igual de bien que las flautas caras y adornadas)
- Una vela amarilla
- Barrita de salvia

Elige un lugar en el que conectes con la naturaleza y límpialo con tu salvia. Siéntate en el suelo y coloca la vela frente a ti. Enciende la vela y coloca tu instrumento de viento entre la vela y tu persona.

Di las palabras,

"Vela amarilla en el viento y el aire, trae creatividad para compartir. Muéstrame cómo encontrar a mi artista interior y bendice mi trabajo con originalidad y amor".

Visualiza cómo se manifestará. ¿Eres pintora o escritora? ¿Quieres hacer algo físico, como artesanía o escultura? Si no estás segura, cierra los ojos y deja que el elemento aire llene tus pulmones, respirando profundamente y soltando el aire lentamente. Deberías evocar imágenes que te ayuden a identificar lo que estás destinada a conseguir.

Coge el instrumento y toca notas en él. No intentes replicar una melodía que ya conoces. Este es un conjuro para tu creatividad, no para celebrar el trabajo de otro. Deja que las notas fluyan y floten en el viento mientras escuchas la melodía y te deleitas con la dulzura y la pureza del ruido.

Imagina un instrumento como una herramienta que atrae la energía del aire y siente cómo llena tus pulmones de oxígeno puro. Siente que la energía te llena de esperanza y amor e imagina que tus niveles de energía aumentan. Piensa en la visualización y en la actividad creativa que viste.

Deja el instrumento, apaga la vela y agradece a los espíritus y a los elementos sus interacciones antes de marcharte. Ve y comienza la actividad creativa.

Hechizo de viaje aéreo con humo

Lo que necesitas:

- Una pluma
- Una ramita de menta fresca
- Un abanico
- Una bolsa amarilla pequeña

Machaca la menta fresca a mano o con un mortero. Tómate un momento para aspirar el olor y dejar que llene tus pulmones y tu nariz.

Coge la pluma con la mano y visualiza el lugar al que quieres viajar. Imagina todo el proceso, el equipaje, el viaje y, finalmente, la llegada al destino elegido. Lanza la pluma al aire y utiliza el abanico para mantenerla alejada del suelo. Sigue abanicando hasta que sientas que el hechizo ha terminado y coge la pluma con la mano. Coloca la menta y la pluma en la bolsa y llévala contigo hasta que llegues al destino elegido.

Elemento Fuego

El fuego es un elemento masculino perfecto para hechizos relacionados con la pasión, el sexo, el poder y la fuerza.

Punto Cardinal: Sur

Color: rojo o naranja

Forma sólida: Triangular

Pilar: Voluntad

Los hechizos de fuego son principalmente hechizos con velas, pero puedes ir más allá con rituales de quema si los haces de forma segura. El fuego consume y limpia, y es la fuente de alimento y agua. Crea el combustible que enciende a la humanidad y le da luz y calor. Aporta empuje y determinación a tus hechizos y garantiza que serán más eficaces.

Los hechizos de fuego son geniales para los novatos en brujería, ya que son impresionantes y a la vez sencillos de realizar. Pero no siempre fue así. Imagina a tus antepasados experimentando el fuego por primera vez y la forma en que cambió sus vidas. Ahora recuerda el fenómeno de los incendios forestales y el terror que provocan en las zonas donde se producen. No hay que subestimar el fuego, hay que respetarlo y venerarlo. Cuando utilizas el fuego en tu magia, es sencillo encender una cerilla y producir llamas instantáneas, pero imagina lo que se siente al utilizar pedernal y acero para crear tu ingrediente elemental. Intenta crear fuego con elementos naturales y siente la fuerza extra que aporta a tu magia.

Hechizo de Destierro del Fuego

Este hechizo está hecho para deshacerte de las energías que te están deteniendo. La negatividad de una relación pasada o debilidades que sientes que te impiden avanzar. Nunca uses este hechizo para eliminar objetos o personas vivas; eso es ir demasiado lejos. Si tienes dudas sobre algo, este hechizo las despejará y te dará la intuición para avanzar y alcanzar tus metas.

Lo que necesitas:

- Caldero, puede ser de cualquier tamaño siempre que sea ignífugo
- Papel y lápiz
- Gel de encendido para barbacoa
- Cerilla o mechero

Coge papel y lápiz y escribe una sola palabra que represente lo que quieres desterrar. ¿Te frena la pena o la tristeza? ¿La duda es tu ancla? Escribe la palabra con claridad e intención.

Dobla el papel y colócalo en el caldero. Añade el gel inflamable y enciende la cerilla. Lanza la cerilla sobre el gel y observa cómo sale disparada la llama inicial e ilumina la habitación.

Di las palabras,

"El fuego hace arder la palabra con mucho brillo; hace que el problema desaparezca de mi vista; nunca más tendré que luchar; a partir de hoy, el mundo es justo".

Mantén la mano sobre el caldero cuando sea seguro y visualiza lo que quieres desterrar. Imagínalo como una forma sólida y mira cómo desaparece del caldero y se aleja flotando de ti. Ahora el hechizo ha terminado y la energía se ha dispersado. Agradece a los espíritus y al elemento su ayuda, y sigue con tu vida normal.

Elemento Agua
Dirección Cardinal: Oeste
Color: Azul
Símbolo alquímico: Triángulo invertido
Pilar: Atreverse

¿En qué piensas cuando oyes la palabra agua? ¿Es una bebida refrescante para calmar la sed o el agua caliente que te limpia? ¿Imaginas el mar, las increíbles olas y la fauna que puebla los océanos? ¿Quizá ríos y lagos o enormes y poderosas cascadas? Sea lo que sea lo que imagines, el poder y la fuerza del agua son indiscutibles.

El agua fluye y cambia para adaptarse al recipiente que la contiene, y una sola gota diminuta puede causar ondas que cambian el entorno. El agua es la gran fuerza que crea cañones y barrancos y es el elemento de nuestras emociones. Representa los misterios de la vida y, en magia, se utiliza para acceder a los secretos más profundos que las personas guardan bajo su yo consciente. Utiliza el agua para ser más intuitivo y permitirte ser más maleable, pero conservando tu forma original.

La belleza del elemento agua es su disponibilidad. A diferencia del fuego, no tienes que crearlo, está en todas partes y tú eliges qué agua se utiliza. Empieza a conectar con el elemento apreciándolo en todas sus formas. Levanta la cara al cielo cuando llueva y deja que las frías gotas de nieve se derritan sobre ti. Da las gracias a las fuerzas elementales cada vez que bebas agua o te laves las manos.

Hechizo de protección con agua
Lo que necesitas:

- Agua
- Sal marina
- Tazón *(No utilices un tazón de cocina; usa uno destinado exclusivamente a fines mágicos para añadir intención y pureza).*
- Menta o perejil fresco o seco

Si puedes, realiza el hechizo cerca de un cuerpo de agua natural como un estanque o un lago. Crea un círculo de protección con tu sal reservando un poco para el hechizo. Puedes fortificar el círculo con ocho piedras para aumentar la protección.

Entra en el círculo y siéntate con tus materiales. Añade el agua, la sal y las hierbas, y empieza a visualizar lo que necesitas del hechizo. ¿Qué quieres proteger? ¿Tu casa, tu familia, a ti mismo o a tu pareja? Puede ser cualquier cosa que se te ocurra. Imagina que te encierras en una habitación pequeña con paredes gruesas y puertas sólidas que te protegen. Ahora imagínate tumbada en el suelo y rodeada de cosas que te hagan sentir tranquila y en paz. Puede ser una camada de cachorros o una manta calentita. Lo principal es sentirse protegida. No te preocupes por los detalles; lo importante es la sensación de sentirse segura.

Ahora sostén el tazón frente a ti y mira dentro del agua. Deja que tus miedos fluyan hacia el agua y que la sal y las hierbas los limpien.

Di las palabras,

"No hay motivo de alarma; estoy libre de cosas que puedan dañar; esta agua es mi protección y bloqueará el mal antes de que haya comenzado".

Ahora siente cómo la negatividad entra en el tazón y se convierte en parte del agua. Puedes limpiar aún más la solución con sal yodada común y dejar el líquido unos instantes. Retira la hierba sin tocar el agua contaminada, entiérrala y pronuncia las siguientes palabras:

"Querido ramito de hierba, te doy las gracias. Mantenme libre de daño y a salvo y libre".

El proceso puede repetirse hasta que te sientas completamente protegida y a salvo de cualquier daño. Una vez terminado el hechizo, lava el tazón con agua limpia y fría y bendícelo antes de guardarlo hasta la próxima vez.

Elemento: Tierra

Dirección cardinal: Norte

Color: Negro

Forma alquímica: Triángulo invertido con una línea en la parte superior.

Pilar: Silencio

La tierra es la base de la naturaleza. Representa la solidez y la fuerza tangible. Los elementos de la Tierra pueden parecer menos llamativos que los demás, pero son fiables y seguros. Piensa en las cosas asombrosas que brotan de la Tierra; plantas y flores, alimentos y árboles están a tu alrededor, pero ¿qué más da la Tierra? Piensa en los diamantes y otras formas de adivinación de la Tierra.

Piensa en el elemento Tierra como el Bosón de Higgs de tu brujería; lleva la materia a tu intención y la convierte en un objeto tangible. Es un elemento curativo y funciona en hechizos que te conectan con la esencia de la naturaleza. Las civilizaciones antiguas crearon jardines y círculos de piedra para canalizar la energía de la tierra (piensa en Stonehenge o Machu Picchu), así que podrías crear el mismo efecto en tu casa.

Mandala de curación con la Tierra

Los budistas crearon mandalas para representar el universo, pero en este ejemplo estás creando una conexión con la Tierra. Elige una caja cuadrada o una jardinera y llénala de tierra y arena. Elige una selección de semillas blancas y plántalas en las esquinas para representar las cuatro esquinas de la creación. Ahora utiliza una selección de semillas y granos de colores para crear un patrón geométrico en la caja. Puedes elegir cualquier patrón que te guste y cualquier representación que desees. Sé creativo y enérgico, y llena la experiencia de alegría.

Puedes cantar mientras plantas las semillas y tal vez plantar algunas a la luz de la luna para atraer la energía lunar. Deja que tu voz interior te guíe y te muestre el patrón en tu mente. Una vez completado la mandala, déjalas enraizar durante siete días antes de volver a plantar las semillas en tu jardín. El proceso puede repetirse tantas veces como quieras para extender la magia y traer la energía de la Tierra a tu vida.

Hechizo de protección de tierra para el hogar

Utiliza las conexiones con la Tierra para que tu hogar sea seguro y esté libre del ataque de fuerzas negativas.

Lo que necesitas:

- 4 hierbas secas diferentes, canela, cimicifuga negra, té y clavos.
- 4 piedras negras
- 4 trozos de madera natural, ramas caídas o madera flotante

Bendice todos los objetos con las siguientes palabras

"Madre Tierra y tierra sagrada, aquí para quedarme, la magia está ligada, para proteger mi hogar y mantenerlo a salvo". Dentro de estos objetos, el poder está ligado; por nuestra reverencia, nuestras heridas sanarán, y con estas palabras, la magia está sellada".

Utiliza los objetos para crear un espacio seguro alrededor de tu casa y formar una barrera contra todo mal y negatividad. Puedes repetir las palabras tantas veces como quieras.

Estos son los cuatro elementos tradicionales de la brujería y te ayudarán a convertirte en un bruja más eficaz. Los dos elementos siguientes son menos físicos y más etéreos, pero son igual de importantes en la magia.

El elemento del yo o espíritu

Este elemento no es físico y representa la conexión entre todas las cosas. Nos conecta con el universo y aumenta nuestra conciencia de la magia de otro mundo.

Está representado por los colores blanco, violeta y negro.

En magia, el cuarzo cristal aporta la energía del espíritu, y el número 1 es el número correspondiente.

Su forma correspondiente es un círculo o espiral que representa el poder del ciclo de la naturaleza.

El quinto elemento no es un concepto moderno. Aristóteles y Platón empezaron a debatir la existencia de un elemento no físico que faltaba, y sintieron que faltaba algo en la ecuación. Acuñaron el elemento "*Aether*", que ha pasado a formar parte de nuestro lenguaje como "éter". El elemento espíritu no tiene forma y es energía pura, e invocarlo es una forma poderosa de hacer que tus hechizos sean más potentes.

Cómo invocar al elemento espíritu

La mayoría de los practicantes utilizan deidades para invocar el elemento espíritu, pero otros recurren a guías espirituales. Hay seis pasos para invocar el elemento e invocar su energía a tu mundo.

1. **Determina el hechizo o ritual que vas a realizar.** Los espíritus necesitan saber qué energía aportar. ¿Vas a realizar un hechizo de amor, de beneficios económicos o de protección? Sé clara con tus requisitos y da tantos detalles como puedas. Establecer tu intención es crucial para el éxito, así que no te apresures en el proceso.

2. **Elige un espíritu que se adapte a tus necesidades.** ¿Qué energía necesita tu hechizo? ¿Tienes conexiones con tus guías espirituales y antepasados? Este tema se tratará más adelante en el libro, para que entiendas mejor la energía disponible.

3. **Elige un momento.** El tiempo lo es todo y, dependiendo de tus creencias, deberías planear hacer manualidades en un momento en el que te sientas más poderosa y conectada con el universo. Si trabajas mejor con la energía lunar, hazlo por la noche. Si sientes afinidad por determinadas fuerzas

astrológicas, consulta las cartas astrales para elegir un momento adecuado para tu trabajo.

4. **Límpiate.** Esta es una parte importante del proceso. Utiliza tu ritual de limpieza habitual para disipar todas las energías negativas y la suciedad física de tu cuerpo. Una vez limpia, vístete para la ocasión con ropa blanca impecable para que todo tu ethos marque tu intención.
5. **Planifica tus palabras.** Escribe tu invocación y utiliza palabras positivas y edificantes. Dilas claramente y con energía para que los espíritus sepan que tus intenciones son verdaderas.
6. **Agradece a los espíritus su atención.** Debes repetir la invocación tantas veces como sea necesario, y sabrás cuando el ritual ha funcionado. Una vez cumplida la intención, agradece a los espíritus su amor y energía y medita para recuperar tu conexión con el mundo físico.

Y por último, el sexto elemento. Sigue leyendo.

El elemento del vacío

Este elemento es la versión brujeril de la teoría del Big Bang. El vacío oscuro del que procede todo. En términos mágicos, es el pistoletazo de salida que señala el comienzo de la carrera. Aporta energía e intención a la manifestación y reconoce el poder del vacío.

Hay varias formas de incorporar el elemento del vacío a tu arte. Puedes simbolizar su presencia con una vela negra o un recipiente negro vacío en tu altar, o invocarlo directamente con un canto.

Canto para invocar al Vacío

"Invoco a la parte oscura y sin forma del universo que dio origen a la energía eterna para que se aporte a mi trabajo. Me sitúo en la encrucijada de la magia y la potencialidad y pido que mis palabras creen el éxito. Que así como hablo, así sea".

Estos seis elementos son tus piedras angulares para la brujería y estarán a tu lado cuando los necesites. Recuerda su poder colocando un pentagrama cerca de tu altar. Las cinco puntas representan los cinco primeros elementos, y los espacios te recuerdan el vacío.

Capítulo 4: Dioses y diosas en la brujería

Muchas brujas eligen trabajar con poderes superiores para que les ayuden en su oficio. Utilizan estas conexiones igual que las amistades en la vida normal y a menudo tienen deidades relacionadas o asociadas con diferentes religiones y creencias. Al igual que con las amistades normales, necesitas comprender las características de estas deidades y cómo funcionan. Con este conocimiento, puedes elegir deidades que se adapten a tu personalidad y creencias, aquellas que trabajen contigo a un ritmo que os convenga a ambos. Elegir estas deidades y poderes es tan importante como elegir las herramientas o hierbas adecuadas para tu magia.

Empecemos por las deidades wiccanas. Los wiccanos son generalmente politeístas, lo que significa que adoran a más de una deidad e invocan a muchos dioses y diosas para acercarse al espíritu divino del universo. En las creencias wiccanas, el espíritu divino es el centro mismo de su magia, y todos los caminos conducen a esta fuente última.

El espíritu divino es incomprensible para la concepción humana. Los wiccanos utilizan deidades para filtrar el espíritu divino en rasgos y características que podamos comprender. Todas ellas representan ciertos aspectos del espíritu que ayudan a formarse una imagen más amplia y a comprender mejor el espíritu divino y lo que significa.

La triple diosa wiccana

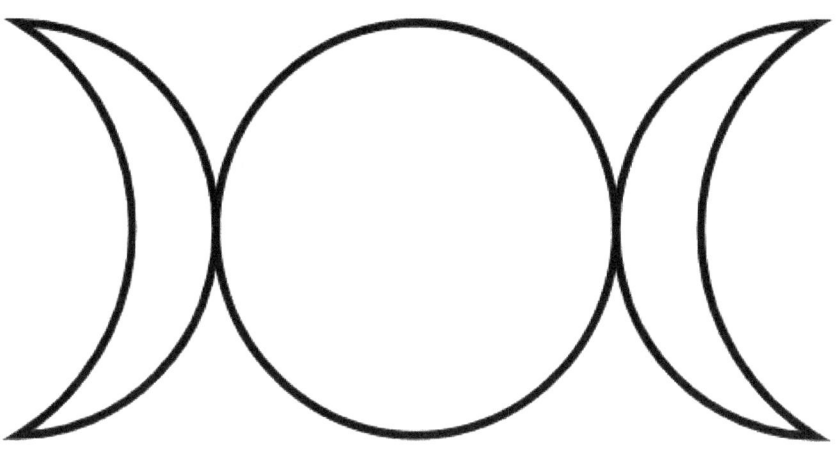

El símbolo representa los tres ciclos de la feminidad: la doncella, la madre y la arpía '

El símbolo de la diosa triple es una luna llena acompañada de la luna creciente y menguante. La diosa tiene tres identidades distintas y representan los tres ciclos de la feminidad. La doncella, la madre y la arpía son las tres representaciones de la feminidad.

La doncella

La bella joven que empieza a vivir su vida adulta. Representa las oportunidades de la vida y el inicio de nuevos comienzos. Las brujas invocan a la doncella en hechizos de purificación y bendición.

La madre

En esta etapa, la diosa se ha convertido en la encarnación de la feminidad y es el símbolo de la fertilidad y la vida. La diosa es invocada en rituales que bendicen a los niños o promueven la fertilidad, y también es llamada para dar guía y sabiduría. Los wiccanos creen que esta etapa de la diosa es tan importante como su verdadera madre.

La Arpía

En la sociedad normal, las mujeres mayores se asocian a menudo con la fragilidad y la debilidad, pero los wiccanos creen lo contrario. Reconocen la importancia de la experiencia y la sabiduría e invocan a la arpía para que traiga conocimientos del mundo espiritual. Los wiccanos creen que la arpía está en la cima de su poder y que es la fuente del poder eterno y del desarrollo psíquico.

El Dios Cornudo

Mientras que la triple diosa es la representación femenina de la Wicca, su contrapartida masculina es el dios con cuernos. Está estrechamente relacionado con el inframundo y a menudo se le invoca en ritos funerarios y para comunicarse con los muertos. El dios cornudo tiene cuernos y puede parecer aterrador y maligno, pero es una deidad benévola que actúa como guía y protector. La muerte es una parte normal de la vida, y los wiccanos la aceptan y utilizan al dios cornudo para que les guíe al inframundo.

Algunas personas relacionan al dios cornudo con el concepto cristiano del diablo, pero se trata de una conexión falsa. El dios con cuernos era adorado por los paganos mucho antes de la era del cristianismo, y precede al Diablo en siglos. Es un protector, representa la figura del padre omnipotente y es un poder de la naturaleza.

El Señor y la Señora Wicca

Simbolizados por el aspecto femenino del sol y la energía masculina de la luna, el señor y la señora son representantes de la dualidad de la naturaleza. Simbolizan cómo las energías masculina y femenina se combinan para crear la magia. En las ceremonias wiccanas, el sumo sacerdote y la sacerdotisa suelen adoptar los papeles del señor y la señora.

El único

Técnicamente no es una deidad, El único es más bien un océano cósmico donde se originan todas las cosas vivas y espirituales. Los wiccanos creen que toda la vida procede del único y no lo invocan ni lo veneran como a una deidad. En cambio, utilizan la energía del único para inspirar su trabajo y crear una magia más eficaz.

Dioses y diosas para brujería

A veces, elegir determinadas deidades con las que trabajar puede resultar difícil y abrumador. Hay tantas religiones y sistemas de creencias entre los que elegir que es difícil saber por dónde empezar. La siguiente lista te ayudará a iniciar el proceso y te conectará con algunas de las deidades más accesibles utilizadas por brujas y otros practicantes de magia.

Adonis y Afrodita - La pareja poderosa original; deidades griegas de gran poder. Pueden ayudarte con hechizos para el amor y la pasión, aportando pureza a tus hechizos.

Adonis y Afrodita⁵

Artemisa y Apolo - Deidades hermanas gemelas que funcionan bien en la magia lunar.

Artemisa y Apolo ⁶

Atenea - La diosa griega de la caza aporta fuerza y valor a tu oficio.

Atenea, diosa de la caza [7]

Bast - La diosa egipcia de los gatos; fuente de astucias y conocimientos felinos.

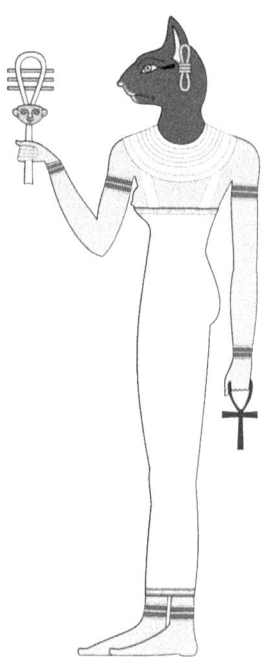

Bast, diosa de los gatos [8]

Belenus o Bel - Dios gaulista de la luz y el sol, este dios celta se representa a menudo con su caballo y tiene poderes relacionados con las fuerzas equinas.

Bel, dios de la luz y del sol[9]

Brigid - La diosa celta de la fertilidad y la inspiración, invocada para los ritos de fertilidad y la bendición de los hijos.

Brigid, diosa de la fertilidad y la inspiración [10]

Cerridwen - Diosa galesa de la luna y la cosecha; aporta abundancia y prosperidad a la magia.

Cernunnos - Dios celta de la fertilidad y la naturaleza. Representa el inframundo y se le suele representar con cuernos y pezuñas.

Cibeles - La diosa griega de los espeleólogos naturales, especialmente eficaz en hechizos y rituales realizados en la naturaleza, sobre todo en cimas de montañas y cuevas.

Deméter - Diosa griega de la fecundidad. Trae buena suerte, prosperidad y abundancia, sobre todo en hechizos y rituales para las cosechas y la agricultura.

Cerridwen, diosa de la luna y la cosecha [11]

Diana - La diosa romana de la caza. Diana es una poderosa deidad femenina que aporta valor, esfuerzo y amor a la magia.

Dríadas - Son espíritus de los árboles que aparecen en la mitología griega. Son representaciones femeninas del espíritu libre y la alegría. Aportan ligereza y alegría a tu magia.

Dríadas [12]

Flora - La diosa romana de la primavera. Su energía se utiliza a menudo en la magia del renacimiento y en hechizos para nuevos comienzos. Es una diosa joven y vibrante, llena de amor y alegría.

Fortuna - La diosa romana del destino. Invócala cuando hagas adivinación o quieras ver qué te depara el futuro. Es un espíritu benévolo que trabajará contigo para cambiar tu destino y mejorar tu futuro.

Freya - También conocida como Frigg, es la diosa nórdica de la creencia Asatru, consorte de Odín y líder de las Valquirias. Gobierna como reina de Asgard y es la diosa más importante de las creencias nórdicas.

Hathor - La diosa egipcia del cielo. Es especialmente eficaz en la magia realizada por mujeres. Su energía protectora se utiliza para mantener a salvo a las mujeres y les aporta fertilidad y seguridad. A menudo se la representa con forma femenina y cabeza de vaca.

Hera - Esposa de Zeus, Hera es la diosa griega del matrimonio y las relaciones. Es una de las diosas más eficaces de la mitología griega y puede invocarse para aportar energía femenina.

Hestia - La diosa griega del hogar. Invócala cuando realices hechizos y rituales en tu hogar para protegerte de las energías invasoras.

Inanna - La diosa sumeria del Cielo y de la ley divina. Es una poderosa fuerza sexual y es especialmente eficaz en asuntos de amor y ley.

Isis - El equivalente egipcio de la triple diosa de la Wicca. Tiene las mismas tres etapas que la triple diosa.

Jano – Dios romano de las entradas y las transiciones. Es especialmente eficaz en hechizos, para nuevos comienzos y para proteger el equilibrio emocional.

Kali - La consorte de Shiva y una poderosa fuente tanto de destrucción como de creación. Invócala para desterrar a tus enemigos o para que te ayude a iniciar nuevas actividades.

Kali, consorte de Shiva y poderosa fuente tanto de destrucción como de creación[18]

Mayet - La diosa egipcia de la justicia, la verdad y los asuntos legales.

Morrigan - El equivalente celta de la diosa triple, muy asociada a la muerte y la guerra. Se la representa como un cuervo y posee oscuros poderes mágicos.

Musas - En la mitología griega, las Musas son diosas de la literatura, la ciencia y las artes. Hay nueve musas, y se las puede invocar como equipo espiritual para ayudar a que tu magia sea más eficaz.

Nike - La diosa griega de la victoria. Su poder es efectivo para la magia dedicada a la velocidad y el éxito. A menudo se la representa con alas y es un símbolo eficaz del arte y el deporte.

Nornas - En la mitología nórdica, las Nornas son las guardianas sagradas del árbol de la vida, Yggdrasil, y son eficaces, protectoras y controlan el destino de todos los seres humanos. Extraen agua del pozo de la creación para alimentar el árbol sagrado y son poderosas entidades espirituales femeninas.

Las Nornas: guardianas sagradas del Árbol de la Vida [14]

Nut - Diosa egipcia del cielo y protectora. Se la representa a cuatro patas cubriendo la Tierra y protegiendo a la humanidad.

Perséfone - La diosa griega del inframundo. Invócala para que te ayude a superar el duelo y guíe a tus seres queridos al más allá.

Selene - La diosa griega de la luna.

Venus - La diosa romana del amor que es especialmente poderosa en hechizos para el amor, la lujuria, la pasión y las relaciones.

Vesta - La diosa romana del fuego, tanto doméstico como ritual.

Cómo invocar o evocar a los dioses y diosas

Una pregunta habitual sobre brujería se refiere a la invocación y la evocación de deidades. Como las palabras suenan parecidas, algunos principiantes piensan que las dos prácticas son intercambiables cuando, en realidad, es todo lo contrario. Cuando empiezas a trabajar con deidades, debes tener mucho cuidado y entender exactamente con qué estás trabajando.

Evocar es la práctica de pedir a una deidad que se una a ti durante un ritual o hechizo de trabajo para que puedas beneficiarte de su sabiduría o energía. Su participación es externa y no puede perjudicarte. La evocación puede realizarse mediante una simple pregunta u ofrenda. Por ejemplo

"Salve Venus, te pido que te unas a mi círculo sagrado esta noche y formes parte de mi ritual para el amor y la pasión; te traemos esta copa de vino para mostrarte nuestro amor y respeto".

Entonces esperas que la diosa escuche tu súplica y se una a ti para tu hechizo.

La invocación es una forma de posesión voluntaria en la que la deidad se manifiesta a través de tu forma humana. Esto es mucho más complicado que pasar el rato con tus deidades favoritas y solamente debe ser realizado por brujas experimentadas. Aunque la posesión siempre es temporal, es una buena idea que los principiantes practiquen la evocación antes de lanzarse directamente a invocarla.

Guía de sentido común para invocar deidades

Una vez que te sientas preparada para trabajar con las deidades, es importante que sepas qué preparación tienes que hacer. No intentes trabajar con más de cuatro deidades cuando empieces, necesitas llegar a conocerlas, y ellas necesitan llegar a conocerte a ti también. Se trata de ser respetuosa y honorable, así como de construir una relación entre ambas partes, por lo que elegir demasiadas deidades podría resultar confuso.

Otros preparativos antes de invocar a una divinidad

- **Investiga y estudia la deidad elegida.** Conoce los mitos en los que aparecen, sus características y su personalidad. ¿Cuáles son sus puntos fuertes y qué aportarán a tu vida?
- **Busca formas adecuadas de dar la bienvenida a tu deidad.** ¿Qué adornos debes utilizar para darles la bienvenida a su espacio? Símbolos y figuras apropiados de sus creencias culturales.
- **Elige las ofrendas y libaciones** adecuadas para la deidad elegida.
- **¿Cuáles son sus animales favoritos o los objetos sagrados** que aparecen en sus mitos?
- **Documenta e investiga** los hechizos o rituales personales de la deidad.
- **Mira dentro de tu psique** y sé sincera sobre la conexión que sientes con la deidad.

El último punto es el más importante. Necesitas sentir una conexión real y el deseo de trabajar con la deidad que has elegido. Los seres sagrados no están en el mercado de las relaciones casuales, y no responderán a un tibio *"Hola, ¿cómo estás?"*, porque están ocupados. ¿Estás eligiendo a esta deidad en particular por las razones correctas o solamente porque es genial y popular? Los seres sagrados a los que invocas se toman en serio lo que hacen y solamente responderán a personas que estén en su misma onda.

Otra cosa que hay que recordar es que son ellos los que mandan. Si tu deidad está ocupada, podrías acabar en un sistema de llamada en espera, esperando mucho tiempo una respuesta, solamente para que te digan que no. Así es el universo cuando se trata de nuevas energías; puede que tengas que intentarlo varias veces antes de lograr la conexión.

¿Por qué harías toda esa preparación? Pregúntate si te acercarías al azar a un desconocido en la calle y le pedirías ayuda. ¿Llamarías a la puerta de un desconocido y le pedirías que formara parte de tu vida?

Es un poco grosero, por no decir peligroso, así que simplemente no debería ocurrir. La magia no es descuidada; no debes escatimar esfuerzos porque todo el proceso podría descontrolarse. No basta con tener buenas intenciones, hay que ser minuciosa y respetuosa con los poderes con los que se trata.

Ritual para invocar a un dios o una diosa

Ahora estás preparada para iniciar el proceso. Has elegido a tu deidad, estás segura de tu intención y está mental/físicamente preparada para conectarte. ¿Qué debes hacer a continuación?

En primer lugar, debes limpiarte espiritual y físicamente. Date un baño ritual con hierbas limpiadoras y sal marina y déjate secar de forma natural, no apresures el proceso utilizando toallas. Medita antes de empezar el ritual y vístete con ropa sencilla de algodón blanco.

Ahora debes pedir protección. Pide a los espíritus que te mantengan a salvo, e imagina que una brillante luz blanca te rodea mientras sientes su amor y su calor. Ahora que tu cuerpo está protegido, es hora de crear un espacio sagrado para tu ritual de invocación y hechizo. Coge 40 velas y colócalas en círculo a tu alrededor. Siéntate en el centro del círculo y di lo siguiente:

"Al presentarme ante ti, espíritu todopoderoso, te pido la sabiduría necesaria para comprenderte. Dame acceso a tu reino y concédeme un paso seguro al dominio interior. Te pido permiso para entrar en tu plano y conectar con la deidad que he elegido".

Te sentirás diferente cuando te den acceso e inmediatamente te sentirás más ligera e incisiva. Podrías empezar a ver imágenes del reino espiritual y sentir cómo cambia el aire a tu alrededor. Una vez que hayas traspasado el umbral, tus niveles de energía se dispararán y podrás empezar a buscar las respuestas que buscas.

La siguiente parte de la invocación es increíblemente personal, y el único consejo que necesitas es seguir tu instinto y sumergirte en la experiencia. Utiliza tu sinceridad y tu amor por las deidades para conectar con ellas. No hay palabras formales que cubran esta conexión; las palabras que utilices vendrán a ti y se originarán en tu deseo y necesidad de su ayuda.

Una vez que hayas conectado con las deidades y los espíritus, es hora de terminar el ritual. Agradece a las deidades y a los espíritus su tiempo, su ayuda y su cooperación. Agradece las respuestas que has recibido y no te preocupes si no se han respondido todas tus preguntas. Esto inicia una relación de por vida con el universo divino y los seres superiores que lo ocupan.

Cómo lanzar un hechizo de invocación

Este es un hechizo que puede ser usado para atraer espíritus, deidades, dioses y diosas. Abre las líneas para que llegues al mundo espiritual. Lanza este hechizo un miércoles de luna llena o luna nueva para obtener los mejores resultados.

Lo que necesitas:
- Una ofrenda para la deidad - investiga para saber qué es lo apropiado
- Vela plateada (blanca si no tienes una plateada)
- Barrita de salvia
- 1 taza de sal marina

Prepárate para el hechizo como lo harías para el ritual, bañándote y vistiéndote de blanco. Forma tu círculo de protección con sal e invoca los cuartos cardinales para una mayor protección. Enciende la varilla y úsala para limpiar la zona y a ti mismo, luego déjala encendida en el círculo. Coge la vela y un soporte y colócalos en el centro del círculo mientras lo rodeas con los regalos que tienes para la deidad. Cierra los ojos y respira profundamente antes de decir lo siguiente:

"Te invoco (inserta el nombre de la deidad) y te espero con la mente abierta y el corazón agradecido,

(Nombre de la Deidad) Te invoco con mente abierta y espíritu dispuesto,

(Nombre de la Deidad) Te ofrezco estos regalos para honrarte y hacerte sentir bienvenida en mi mundo,

Visítame y comparte tu sabiduría y conocimientos. Guíame en mi oficio".

Cuando sientas que el hechizo ha terminado, agradece a la deidad su atención y deja que la vela se consuma de forma natural. Durante los días siguientes, sentirás la sensación de la energía de la deidad en tu cuerpo, oirás voces, y verás imágenes que proceden de la energía de la deidad.

Lo esencial es confiar en tus instintos y seguir el camino que se te muestra. Los sentidos normales son redundantes en la magia, por lo que debes recurrir a tu instinto y creer lo que te dicen. Usa tu mente y tus emociones para guiarte y entrégate al proceso.

Capítulo 5: Las cartas del Tarot

Las cartas del Tarot son un camino para revelar las lecciones de la vida.[15]

En el pasado, las cartas del tarot se tachaban de falsas, y la imagen de un adivino poco fiable que ganaba dinero a costa de los tontos que querían saber qué les deparaba el futuro era un concepto erróneo pero muy popular. Hoy los usuarios saben que no es así. Las lecturas de las cartas del tarot son mucho más que adivinación y cartomancia, según lo que éstas expresan. Son un mapa de tu alma y una forma de ver la historia de tu vida. Algunas personas ven el tarot como imágenes en una baraja de cartas con significados definidos y como una simple diversión. Los verdaderos creyentes saben que es un camino para revelar las lecciones de la vida y una clave para acceder a la sabiduría universal y adquirir conocimientos.

El Tarot es una poderosa herramienta para expandir tu conocimiento interior y ser más consciente de lo que sientes. Haz preguntas y obtén respuestas que reflejan la sabiduría del universo entrelazada con tu poderosa conciencia.

Breve historia del Tarot

Se cree que las cartas de tarot más antiguas datan de 1440 y fueron creadas para el duque de Milán. Se cree que en un principio se utilizaban para jugar, no para adivinar el futuro, y que estaban pintadas a mano y adornadas.

El juego se extendió rápidamente por el resto de Europa y se convirtió en un elemento básico de los hogares ricos. Durante los 300 años siguientes, los ocultistas lo utilizaron como herramienta de adivinación. Las imágenes se relacionaban con el antiguo Egipto, la astrología y las cartas ilustradas alternativas. La baraja se convirtió en las cartas del tarot conocidas hoy en la década de 1970, cuando un creciente interés por el psicoanálisis vinculó los significados de las cartas con la ciencia.

El movimiento New Age de los años 70 hizo que la cultura y las creencias populares difundieran el uso del tarot, y el interés creció. Hoy en día hay miles de barajas entre las que elegir, y el tarot se está convirtiendo en una forma primordial de meditar y reflexionar sobre tu estado personal. Las cartas pueden utilizarse para crear un plan de vida en función de lo que ya sabes y de lo que las cartas pueden decirte.

Cómo elegir tu primera baraja de Tarot

En primer lugar, vamos a deshacernos de la mayor idea errónea sobre las barajas de tarot. Existe la superstición de que la primera baraja nunca debe ser comprada por uno mismo, sino que debe ser un regalo de otra persona. Esto es mentira y un cuento de viejas. Comprar tu primera baraja es emocionante, pero puede resultar abrumador. Hay muchas barajas entre las que elegir, así que aquí tienes algunos consejos que te ayudarán a empezar tu viaje.

- Explora las imágenes de las barajas y déjate guiar por tu instinto.
- Recuerda elegir tu baraja en función de tu nivel de experiencia; las barajas para principiantes son más fáciles de usar y pueden facilitarte el proceso.
- ¿Quieres utilizar cubiertas tradicionales o más modernas?
- ¿Dónde vas a utilizar las cartas?
- ¿Es el tamaño adecuado y práctico?
- Elige una baraja de calidad en función de tu presupuesto.

Si estás ansiosa por empezar, hay barajas imprimibles disponibles en línea. Con ellas podrás iniciar tu viaje por el tarot en cuestión de minutos.

Familiarízate con la cubierta

Todas las barajas tienen 78 cartas, y estas se dividen en 2 grandes grupos.

Los Arcanos Mayores constan de 22 cartas, empezando por la carta del tarot del Loco, la número 0, y llegando hasta la carta del tarot del Mundo, la número 21. Trabajan juntas para formar una historia conocida como el Viaje del Loco, durante el cual se pueden aprender lecciones de cada arquetipo dentro de los Arcanos Mayores.

Los Arcanos Menores contienen el resto de las cartas y contienen 4 palos de 14 cartas cada uno. Son las Copas, los Pentáculos, las Espadas y los Bastos.

El palo de Copas

Todas las cartas de este palo están relacionadas con el elemento agua y con asuntos del corazón. Las cartas de este palo muestran conexiones emocionales y cómo te relacionas con tu entorno.

El palo de Pentáculos

Todas las cartas de este palo están relacionadas con el elemento tierra. También se las conoce como cartas del dinero y tratan de tu prosperidad y logros. Responden a preguntas sobre tu carrera, decisiones relacionadas con el dinero y asuntos financieros. Es tan importante obtener respuestas a las cuestiones materiales como a las emocionales.

El palo de espadas

Todas las cartas de este palo están relacionadas con el elemento aire. Estas cartas hablan de comunicación y acción. Las cartas aparecerán en una lectura cuando necesites que te recuerden que debes usar la cabeza en lugar del corazón. Si recibes una carta de Espadas, deberás prestar atención a tu entorno y tener cuidado con los conflictos y discusiones que se están gestando bajo la superficie.

El palo de bastos

Estas cartas están relacionadas con el elemento fuego. Representan la pasión y la inspiración e indican la necesidad de ser creativo e iniciar nuevos proyectos. Estas cartas añaden calor a tu vida y aportan una explosión de energía que te inspira a actuar mejor. Te animan a examinar tus creencias fundamentales y a seguir un camino que se adapte a tus necesidades. Las cartas de bastos no son pasivas. Son petardos diseñados para encender tus fuegos internos.

Esto es solamente el inicio de tu comprensión del tarot y lo que las cartas tratan de decirte. La información anterior es como un alfabeto básico, y aprender tarot es como aprender un nuevo idioma. Todas las cartas tienen múltiples significados, que cambian dependiendo de las otras cartas en una tirada. Cada carta representa palabras individuales, y cuando se usan juntas, empiezan a formar frases. Es como cuando empiezas a hablar un idioma nuevo, y empiezas a reconocer los matices e inflexiones que pueden influir en el significado y cambiar el estado de ánimo del mensaje.

Cómo entender su baraja

Como principiante, es tentador elegir tiradas de varias cartas, pero esa no es la forma correcta de empezar a entender tus cartas. Los principiantes necesitan aprender a andar antes de poder correr, y esto implica sacar una sola carta al día y seguir los pasos que se indican a continuación:

1. Piensa en tu pregunta. ¿Qué es lo que más te preocupa? ¿tienes alguna pregunta práctica que necesitas responder?
2. Cierra los ojos y visualiza tu pregunta, así como la manera en que pueden manifestarse las distintas respuestas o qué puede ocurrir con los múltiples resultados.
3. Abre los ojos y saca una carta de tu baraja.
4. Estudia detenidamente la carta.

¿Qué carta te ha tocado y de qué parte de la baraja procede? Utiliza la información anterior para obtener el significado básico de tu carta.

Estudia las imágenes y mira más allá para ver el significado oculto. ¿Hay alguna otra carta que quisieras ver junto a la tuya? ¿Qué significaría en una tirada convencional? Si sacas la carta por la mañana, llévatela contigo el resto del día para sentir su presencia. Saca la carta, estúdiala siempre que puedas y observa si tus sentimientos cambian a medida que avanza el día.

Por la noche, duerme con la carta bajo la almohada y observa qué sueños tienes. ¿Están relacionados con la carta y sus significados percibidos, o son completamente diferentes? ¿Te dicen tus sueños que cambies tu percepción o confirman tus pensamientos iniciales? Al día siguiente deberías empezar a ver señales relacionadas con la carta y a conectar el mensaje. Con el tiempo te darás cuenta de que estas cosas no ocurren por casualidad.

Repite el proceso hasta que sientas que tienes una comprensión más profunda de la baraja y de lo que significan las cartas. Instintivamente, sabrás cuándo empezar a usar tiradas en lugar de cartas sueltas y dejar que las cartas trabajen para crear historias para ti.

Tiradas populares para principiantes y usuarios avanzados

Ya sabes que el tarot se basa en los instintos, pero también influyen los datos que recibes y cómo se obtienen. Elegir un patrón para representar tu tirada es el primer paso para desencadenar el proceso. Este capítulo trata de las lecturas para ti mismo y no para otras personas, ya que es la forma clásica de comenzar tu viaje. Nunca debes hacer lecturas para nadie más hasta que sientas que has alcanzado un nivel experto.

La Clásica Tirada de Tres Cartas

En esta lectura, tú eres tanto el lector como el consultante, por lo que planteas y respondes a las preguntas. La tirada de tres cartas más común incluye el pasado, el presente y el futuro y comienza con la primera carta, que establece la intención y el tema de la respuesta que se está indicando.

La segunda carta establece la naturaleza de la pregunta y la posición actual de sus emociones o situación práctica. Se coloca junto a la primera carta antes de sacar la tercera. Esta tercera carta sugiere el resultado probable y cómo se presenta el futuro.

Una vez colocadas las tres cartas, utiliza tu intuición para descifrar el significado y de qué trata realmente tu pregunta.

La tirada de tres cartas Mente, Cuerpo y Espíritu hace lo mismo que la tirada pasado, presente y futuro, pero se centra más en añadir equilibrio a una lectura. La primera carta representa el estado actual, la segunda las energías que se aproximan y la tercera es un consejo para cada reino.

La Tirada de Cinco Cartas

Esto amplía la tirada de tres cartas para incluir aún más información y añade niveles adicionales a las respuestas que puedes encontrar. Las tiradas de tarot de cinco cartas te ayudan a llegar al meollo de la cuestión.

La tirada debe formar una cruz con las tres cartas originales del pasado, presente y futuro formando el travesaño. Las otras dos cartas se colocan a los lados para formar la cruz. Las tres cartas centrales muestran el potencial, mientras que las cartas adicionales indican las posibilidades más brillantes y más oscuras de la situación.

El rectángulo

Saca la primera carta de la baraja y colócala sobre la mesa. Esta es la carta temática con la que se relacionarán las otras cuatro. Colócala en el centro y saca otras cuatro cartas para formar un rectángulo alrededor de la carta principal. Las cuatro cartas representan las herramientas que hay que utilizar, una lección que hay que aprender, la perspectiva de otra persona y cualquier posible conflicto o temor.

La Cruz Celta

Esta tirada utiliza diez cartas y es una extensión de la tirada de cinco cartas. La primera carta representa tu papel en la pregunta, y la segunda es un obstáculo al que te enfrentarás para revelar la respuesta. La segunda carta cruza la primera y forma el centro de la cruz.

La tercera cruz representa el fundamento de la cuestión que se encuentra en el pasado. La cuarta carta se coloca a la izquierda de la cruz y representa un acontecimiento que está sucediendo en el presente y que afecta a la cuestión.

La quinta carta se extrae y se coloca encima de la cruz para representar el potencial de éxito y un resultado favorable, mientras que la sexta es algo que ocurrirá en el futuro y que provocará un resultado.

Una vez formada la cruz, es el momento de añadir cuatro cartas adicionales que representen otros tantos datos que ayuden a abordar el tema.

La carta 7 está relacionada con experiencias y actitudes pasadas que pueden estar afectando al tema de la pregunta.

La carta 8 se refiere a las fuerzas externas y a su influencia en el problema. ¿Existen energías negativas en juego, o podrían las personas que te rodean influir en tu forma de abordar el problema?

La carta 9 representa tus miedos y esperanzas. Te mostrarán tus sentimientos subconscientes sobre temas, algunos de los cuales han estado ocultos a la vista.

La carta 10 representa el resultado probable. Te da la oportunidad de aceptar tu destino o de hacer algo para cambiarlo.

Se trata de una tirada bastante avanzada y puede resultar confusa para los principiantes. Al igual que cualquier otra habilidad o don, cuanto más practiques, mejor te volverás. Al igual que aprender un nuevo idioma, la lectura del tarot es un proceso eterno, y aprenderás más cada vez que las utilices.

Preguntas frecuentes sobre el Tarot

Q1. ¿Necesito ser vidente para leer las cartas del tarot?

No. Tienes que aprender a confiar en tu intuición y en la interpretación de las cartas para guiarte y leer con eficacia. Por supuesto, algunas personas tendrán habilidades psíquicas naturales, lo que significa que son más eficaces que otras, pero no es esencial ser psíquico para leer las cartas.

Q2. ¿Cualquiera puede aprender a leer el tarot?

Sí, se puede. Como en la pregunta anterior y como en la vida normal, algunas personas estarán más en sintonía con las cartas y tendrán una afinidad natural con ellas, pero con práctica y dedicación, cualquiera puede aprender a leer las cartas.

Q3. ¿Se necesita intuición para leer las cartas del tarot?

Algunas personas confían en que las cartas les darán una lectura clara, basándose únicamente en la tirada y en las preguntas a las que responden. Esto puede conducir a una lectura seca sin ningún margen de maniobra, pero si se tiene en cuenta la intuición, se obtiene una lectura más eficaz y fiable que le da una conexión más profunda con las cartas.

Q4. ¿Es mi intuición falible?

Al igual que todos tus instintos, la intuición puede llevarte por mal camino. Incluso los lectores expertos pueden dejarse engañar por los signos y símbolos que muestran las cartas y dar una lectura equivocada. Es importante saber que, aunque tu intuición es fundamental para tus lecturas, no es infalible y puede equivocarse.

Q5. ¿Se pueden utilizar las cartas del tarot para adivinar el futuro?

No. Ofrecen orientación y perspicacia, pero nunca debe confiarse en ellos para que le den consejos que cambien su vida. Si necesitas consejo profesional, búscalo. Está bien preguntar a las cartas del tarot su opinión sobre las cosas, pero confía siempre en los profesionales en ciertos asuntos. Las cartas pueden darte una idea del futuro y de las influencias en juego, pero no son una herramienta de predicción.

El Tarot puede ser una forma emocionante y poderosa de utilizar tu intuición para trabajar con la magia. Es una forma verdaderamente mágica de conectar con el universo y con tu yo interior. Esto es solamente un vistazo rápido al tarot, y si sientes una conexión con las cartas, podrías estar empezando una relación de por vida con tu baraja.

Capítulo 6: Adivinación rúnica

Se cree que los símbolos rúnicos encierran las claves del conocimiento, la sabiduría y el poder espiritual [16]

El folclore nórdico y germánico estaba lleno de magia y brujería; la existencia de las runas y sus poderes adivinatorios están arraigados en su historia. Las runas Elder Futhark son las más famosas de la historia, y se originaron en el siglo II y se utilizaron por más de seis siglos después. El alfabeto tenía 24 caracteres y solía tallarse en piedras y baldosas de madera. Como ocurre con la mayoría de las lenguas y formas de comunicación, el alfabeto fue cambiando y, en el siglo VIII, se redujo a una forma de 16 caracteres conocida como las runas Futhark jóvenes.

Las runas se utilizaban como forma de escritura y los nórdicos las empleaban para crear textos, pero los dioses y las Norns (las hadas nórdicas) creían que eran más mágicas que eso y las utilizaban para escribir en Yggdrasil, el árbol nórdico de la vida. Se utilizaban para contar historias sobre el destino de los hombres y los poderes de los dioses, considerándolas como formas mágicas y poderosas de adivinar el futuro.

Odín enseñó al pueblo nórdico a utilizar las runas para practicar la adivinación y a emplear símbolos mágicos para proteger sus hogares y sus armas. Las espadas y los escudos de la época nórdica llevaban runas grabadas para garantizar la seguridad del guerrero vikingo que los portaba. El uso de símbolos mágicos se generalizó y empezó a incluir más símbolos de la mitología, como la brújula nórdica y el yelmo de Pavor, pero las principales decoraciones se basaban en las runas.

La práctica de la adivinación con runas no está clara debido a la falta de pruebas escritas, y la mayor parte de la información sobre su uso procede del historiador romano Tácito, que escribió sobre la vida vikinga. Se cree que las runas se tallaban en objetos pequeños, como huesos y palos, y que el maestro rúnico los utilizaba para hacer una lectura. La mayoría de las pruebas sugieren que los maestros de runas solían ser mujeres, a las que se consideraba sabias guardianas de las runas. Formulaban una pregunta y luego arrojaban las runas sobre un espacio sagrado para obtener una visión del futuro, dependiendo de dónde cayeran las runas. Sin embargo, debido a la falta de pruebas, eso es todo lo que se sabe sobre esta práctica.

Adivinación rúnica moderna

El avance del cristianismo y de la lengua latina hizo que las runas pasaran a la historia durante mucho tiempo. Fueron utilizadas por algunas comunidades escandinavas aisladas, que las siguen utilizando en la actualidad. El resurgimiento de la magia rúnica comenzó en el siglo XVII, cuando un místico sueco asociado a la emergente tradición judía de la Cábala se inspiró en el uso de las runas con fines adivinatorios. Recibió la visita de espíritus que le enviaron visiones para inspirarle el uso práctico de las runas Futhark jóvenes.

Algunos maestros rúnicos modernos siguen utilizando las runas Futhark, pero la mayoría ha adoptado las runas Armanen, creadas a principios del siglo XX por el ocultista austriaco Guido von List. Se basó en los símbolos anteriores. Sin embargo, en los últimos cien años también se han adaptado y cambiado para adecuarse al lenguaje moderno. Los símbolos y sus significados deben reflejar cuestiones de la época, por lo que las interpretaciones más modernas tienen en cuenta este aspecto.

Significado de las runas

Como ya se ha dicho, los significados tienen sus raíces en la mitología nórdica y se han modificado para adaptarlos a las necesidades modernas. Aun así, muchos maestros rúnicos incorporan ambos en sus lecturas. Al igual que el tarot, las runas tienen múltiples interpretaciones basadas en cómo caen y qué otras runas las acompañan. La práctica se basa en la intuición y en lo que veas en las runas, pero los significados que aparecen a continuación te ayudarán a aprender a leer las runas y a adaptar tu pensamiento.

En la tabla siguiente se enumeran las runas con su forma fonética inglesa, cómo pronunciarlas y el significado de la runa:

F - Frey - Riqueza y opulencia

Frey, representa la riqueza y la opulencia [17]

U - Ur - Lluvia, precipitaciones de nieve

Ur, representa la lluvia, la nieve y las precipitaciones [18]

Th – Thur - Gigante, peligroso, angustia emocional

Thur, representa una angustia gigante, peligrosa y emocional[19]

A - As - El Dios Morse Odin, humedales, el reino de los cielos

Representa al dios nórdico Odín, los humedales y el reino de los cielos[20]

R - Reed - Cabalgar, velocidad, viajar, viaje

200-450 AD   450-550 AD   550-750 AD

Reed, representa un paseo, la velocidad, el viaje y el trayecto [21]

K - Kan - Muerte, enfermedad, cáncer, absceso

Kan representa la muerte y la enfermedad [22]

H - Hagal - Pasadizos, heladas, frío

Hagal representa el frío [23]

N - Naudr - Deseo, necesidad, barreras, obstáculos

Naudr representa el deseo, la necesidad, las barreras y los obstáculos [24]

I - Isa - Carámbanos, destrucción, frío extremo

Isa representa los carámbanos, la destrucción y el frío extremo [25]

A - Arr - Abundancia, cosecha, tiempos de abundancia

Arr representa la abundancia [26]

S - Sol - Energía solar, sol, calidez, calor

Sol representa la energía solar, el sol, la calidez y el calor [27]

T - Tur - Justicia, derecho, equidad

Tur representa la justicia, el derecho y la equidad [28]

B - Bjork - Nuevos comienzos, primavera, el abedul

Bjork representa los nuevos comienzos, la primavera y el abedul [29]

M - Madur - Humanidad, hombre, energía masculina

Madur representa la humanidad, el hombre y la energía masculina[80]

I - Logur - Líquidos, agua, naturaleza, cascadas

Logur representa los líquidos, el agua, la naturaleza y las cascadas[81]

R - Yur - El tejo, fuerza, tolerancia, resistencia

Yur representa el tejo, la fuerza, la tolerancia y la resistencia[82]

¿Crees en la adivinación?

En tiempos de los vikingos, era difícil concebir cuánta gente creía en el proceso y cuánta creía en el destino. El folclore nórdico está lleno de elecciones, y la religión de Asatru es única porque *no se adoraba a sus dioses*. Los seguidores de Asatru creían que sus deidades eran propensas a las debilidades humanas y cometerían errores igual que los humanos. Las historias de los dioses y diosas están llenas de incidentes en los que son engañados por mortales y otros seres inferiores.

Es importante reconocer cómo funcionan las lecturas de runas modernas y lo que pueden y no pueden decirte. Lanzar estos símbolos mágicos es divertido y una forma estupenda de conectar con la magia, pero nunca debe sustituir al sentido común y al consejo profesional. No utilices las lecturas para tomar decisiones que te cambien la vida basándote en sus respuestas. En su lugar, deberías utilizar las runas para ayudarte a comprender mejor lo que te dice tu subconsciente y lo que te sugiere el universo. Se utilizan para crear una "chispa divina" que te conecta con el poder de tu mente, cómo formas parte intrínseca del universo y cómo cada uno tiene un papel que desempeñar. La diferencia entre el tarot y las runas es el material utilizado para crearlas. El tarot es altamente personalizado, mientras que las runas están hechas de materiales físicos que forman parte del universo, como piedras, vidrio, madera y rocas.

Las runas a menudo insinúan una respuesta y te muestran el camino para seguir las pistas. El significado real de la palabra es susurro, secreto o misterio, dependiendo de lo que leas. Si tus preguntas tienen múltiples capas y necesitan una introspección más profunda, entonces las runas pueden ser más efectivas que el tarot, pero la elección es tuya. En las prácticas wiccanas, las runas se utilizan para proteger, así como para conectar con el reino espiritual para que te sientas más seguro en tus prácticas.

Cómo elegir tus runas

Al igual que los mazos de tarot, hay muchos juegos de runas diferentes. Hay juegos ornamentados que utilizan materiales como el vidrio, el cristal y el metal, y muchos juegos sencillos están hechos de madera o piedras. El material es tu elección, y puede que quieras empezar con algo sencillo. Si sabes trabajar bien con tus manos, puedes fabricar tu propio juego con guijarros o madera. De esta manera, puedes empezar a sentir una conexión inmediatamente, y tus runas estarán cargadas con tu energía.

Cómo guardar tus runas

Si compras tus runas, suelen venir con una práctica bolsa con cordón para mantenerlas limpias y seguras. Si has fabricado tus propias runas, puedes comprar bolsitas para guardarlas o crear una bolsa que se adapte a ellas. También puedes guardarlas en una caja decorada con símbolos y signos mágicos para mantener pura su energía.

Un paño rúnico puede utilizarse para pulir tu conjunto y mantenerlo libre de polvo y energía negativa. Como principiante, puede ser un simple plumero o un pañuelo de algodón blanco, pero a medida que empieces a formar una relación con tus runas, puede que quieras elegir algo más personal. La tela que elijas también puede servir de base para tu fundición y crear un límite para mantener fuera la energía negativa.

Cómo empezar a utilizar las runas

Elige un lugar para hacer la tirada que te resulte familiar y te aporte alegría y paz. Debes sentirte segura y relajada, o tu lectura se verá afectada por el estrés. Tómate diez minutos para despejar la mente y deshacerte de los desechos que te deja la vida cotidiana. Una vez que te sientas relajada y preparada para empezar, coloca el paño o el tablero rúnico en el suelo y empieza a pensar en la pregunta que estás formulando. Si tienes conexiones con energías superiores, invócalas para que se unan a ti y guíen tu lectura.

Al igual que con el tarot, debes empezar con runas sueltas para familiarizarte con el conjunto. Mete la mano en la bolsa, dibuja tu runa y colócala sobre la tela o el tablero. ¿Qué te dice? ¿Qué significa en relación con tu pregunta? Concéntrate en la runa y en lo que te dice.

Disposiciones y moldes de las runas clásicas

La disposición de las tres runas

Este sencillo reparto es perfecto para principiantes y te ayudará a iniciar tu viaje con las runas. Busca en tu bolsa y saca la primera runa. Colócala en tu tela o tabla con intención. Esta primera runa debe estar a la derecha del centro. Ahora tira la segunda runa y colócala en el centro antes de tirar la tercera hacia la izquierda.

Runa 1 - Representa la visión general de tu situación o pregunta. Es la opinión general de la runa sobre lo que está sucediendo y ayudará a establecer el escenario.

Runa 2 - Representa el desafío y los obstáculos que te esperan.

Runa 3 - Representa el curso de acción y lo que puedes hacer para superar estos obstáculos y tener éxito.

La disposición de las cinco runas

Esta ampliación de la disposición de tres runas incluye periodos de tiempo más específicos. La primera runa debe colocarse en el centro del paño, mientras que las cuatro restantes forman una cruz a su alrededor. La runa 2 debe estar en el punto oeste, la 3 en el norte, la 4 en el sur y la 5 en el este.

En esta lectura, las runas deben colocarse boca abajo y darse la vuelta por orden de colocación para obtener una lectura más eficaz. Las runas horizontales 2, 1 y 5 representan el pasado, el presente y el futuro, mientras que la runa 4 representa los elementos del problema y la runa 3 se relaciona con lo que debes hacer para resolver el asunto.

El reparto de las nueve runas

Este método es para lanzadores más experimentados, pero te da una respuesta más detallada y profunda a tus preguntas. Cuando utilices este método, debes profundizar en tus conocimientos espirituales y prepararte para la experiencia. Puedes conectar directamente con tus guías espirituales y pedirles que te guíen antes de realizar el lanzamiento y que te acompañen en la lectura. Puedes mejorar tu entorno con herramientas mágicas y una vela o dos. Vístete para la ocasión con una sencilla túnica blanca para que la lectura resulte más mágica.

Por supuesto, también puedes lanzar las runas normalmente en un lugar tranquilo que te conecte con el universo. La adivinación es más fácil cuando te sientes relajado y cómodo, por lo que tu entorno debe reflejarlo. Algunas personas se sienten más a gusto en un ambiente ruidoso, mientras que otras prefieren un entorno naturalmente tranquilo. Todos somos diferentes y la magia nos ayuda a celebrarlo.

Busca en tu bolsa y elige nueve runas al azar. Si las runas son grandes, utiliza las dos manos para elegirlas y sujétalas durante unos instantes. Ahora esparce las runas sobre tu tela o tablero mientras miras hacia arriba. Considera las runas y cómo han caído. Las que están cerca del centro se consideran las más importantes, mientras que las de la periferia son menos influyentes. Si las runas se tocan o están muy cerca, podrían ser runas complementarias que refuerzan su influencia. Si las runas están boca abajo, debes dejarlas así mientras estudias las que han caído boca arriba. Coge un cuaderno y anótalas para poder estudiarlas más tarde antes de dar la vuelta a las runas restantes. Acuérdate de colocar las runas que has volteado exactamente en la misma posición en la que cayeron para obtener la imagen global cuando las nueve runas estén en su sitio. Las runas que has volteado representan el futuro y otras influencias externas que podrían afectar a tus asuntos. También representan el potencial de nuevas posibilidades y oportunidades futuras.

El reparto de las tres norns

Se trata de otro sencillo reparto basado en las divinidades nórdicas conocidas como las norns. Las tres norns principales eran hermanas que vivían junto al Pozo de Ur y crearon el destino de la humanidad. Esta tirada de runas representa a las hermanas y te ayuda a ver diferentes aspectos de tu problema.

La primera runa debe ser lanzada para representar el pasado y cómo te afecta. ¿Tienes problemas de tu pasado que te han seguido hasta tu vida actual y te están afectando? La runa resaltará cualquier problema histórico.

La segunda runa te proporciona una comprensión más profunda de tus problemas y de cómo te afectan.

La tercera runa está en sintonía con el futuro y te mostrará cómo avanzar.

Existen cientos de disposiciones de lanzamiento y formas de utilizar las runas. Una vez más, debes usar tu intuición para guiarte hacia las disposiciones que te funcionen.

Tableros de reparto

Algunos practicantes prefieren utilizar un tablero decorado con símbolos nórdicos para dar más profundidad a sus repartos. En algunos casos, estos tableros son similares a los de la ouija, con letras y números y una zona dedicada al *Sí* y al *No*. Otros tableros se concentran en símbolos nórdicos como el cosmos nórdico, que puede representar las distintas áreas del universo nórdico. El reino central de Midgard representa el corazón de la lectura, mientras que los reinos interiores de Asgard y Helheim representan las influencias psicológicas. Los reinos exteriores de Jotunheim y Muspelheim son las zonas desprejuiciadas del universo.

Los elementos también pueden crear un potente tablero rúnico. Elige un tablero y divídelo en cuatro secciones iguales. Pinta o colorea las secciones de blanco, rojo, azul y verde para representar respectivamente el aire, el fuego, el agua y la tierra. Dibuja un círculo mágico en el centro y decóralo con tus símbolos y signos favoritos. Cuando quieras un reparto detallado, simplemente esparce toda la bolsa de runas sobre el tablero.

Cómo cae cada runa te dirá algo diferente. ¿Están dentro o fuera del círculo? ¿En qué color están o caen en la línea divisoria? ¿Qué significan los elementos para ti?

Aire

En general, el aire representa la inteligencia y la creatividad. Es el elemento de los nuevos comienzos, y si tu runa cae en esta sección, se relaciona con tus problemas intangibles y cómo tratarlos. Es el elemento de la creatividad y de seguir adelante.

Fuego

El elemento fuego de la pasión y el amor puede significar eliminar impurezas y poner fin a hábitos perjudiciales. ¿Hay cosas que te frenan? Quémalas y sigue adelante. El fuego es el símbolo de la transformación, y tu runa aterrizará allí para significar tu fuerza interior y el calor de tu pasión.

Agua

Las cuestiones emocionales e inconscientes se tratarán en esta sección. El agua es uno de los dos elementos físicos y representa la capacidad de cambiar e interactuar. El agua llena los espacios con facilidad y se considera una señal natural para adaptarse y aceptar la situación.

Tierra

El segundo elemento físico es menos fluido que el agua y representa la estabilidad y los cimientos. La Tierra simboliza la fertilidad y los objetos materiales, y tu runa pondrá de relieve qué nuevos comienzos necesitas abordar. Es el elemento de la quietud y los finales, por lo que tu runa podría indicarte qué parte de tu vida ha terminado y cómo seguir adelante.

El círculo del tablero podría representar el otro elemento que hemos tratado antes, el elemento del espíritu. Si tu runa cae dentro del círculo, podría significar que es más personal y está relacionada contigo mismo, mientras que fuera del círculo podría significar que representa tu entorno.

Tus runas y tableros deben representar tu personalidad y tus creencias. Si te sientes inspirado por personajes de Disney o figuras de la literatura, entonces utilízalos para decorar tus tableros. No hay reglas fijas y para una rápidas adivinación rúnica; deberías alimentas tu intuición con tu inspiración, así que sé creativo y crea múltiples conjuntos para adaptarlos a la situación. Las runas y los tableros rúnicos son decorativos por naturaleza, así que utilízalos para decorar tu casa o espacio sagrado a fin de aportarles color y protección.

Capítulo 7: Adivinación con cristales

Cuando se piensa en la adivinación con cristales, la mayoría de la gente piensa en la bola de cristal, en una gitana mística, en una caseta de feria y en cuentos sobre lo que va a pasar. Las brujas modernas saben que la adivinación consiste en conectar con tu psique interior y con el universo, y entienden que uno de los materiales más eficaces son los cristales. Son increíbles por naturaleza y representan algunos de los aspectos más bellos de la naturaleza en su magnificencia.

Los cristales son poderosos y bellos, así que tu colección indicará claramente la forma en que trabajas y te conectas

Los cristales representan algunos de los aspectos más bellos de la naturaleza en su magnificencia.[88]

con el universo. ¿Te has dado cuenta de que algunas personas se parecen a sus mascotas? Pues elegir un cristal tiene parecido con la elección de un cachorro. Debes sentir una conexión inmediata con él y estar preparado para cuidarlo, nutrirlo y atenderlo como harías con un niño o una mascota.

Cristales para mejorar la adivinación

Esta lista contiene solamente algunas sugerencias y te ayudará a elegir tu kit de iniciación a la adivinación.

Apofilita - Este cristal es el guardián de los Registros Akáshicos, el conocimiento de cómo serán todas las vidas y qué nos sucede a cada uno de nosotros. Este cristal te ayuda a romper la barrera entre el mundo físico y el espiritual y mantiene el cuerpo físico a salvo durante tus viajes astrales. Utiliza la apofilita para ayudarte con las experiencias extra-corporales y los viajes astrales.

La apofilita derriba la barrera entre el mundo físico y el espiritual [84]

Amatista - El cristal del tercer ojo y el representante de los chakras corona y corazón. Como la amatista está tan en sintonía con los chakras superiores, es la elección perfecta para los péndulos de adivinación. Cuelgue el cristal de una cadena y hágale preguntas con un tablero de respuestas o utilizando la izquierda y la derecha para indicar sí y no.

Aguamarina - Piedra clarificadora y saludable, las aguamarinas están conectadas con el elemento agua. Te ayudarán a concentrarte y a estar más en sintonía con tus habilidades psíquicas.

Azurita - Un cristal sintonizado con frecuencias extremadamente altas que te da el poder de mejorar tu tercer ojo y los chakras superiores de la corona. La azurita también se utiliza para hacer elixires de cristal para la curación física y las lecturas de energía. Remoja el cristal en agua para crear un elixir para beber antes de hacer lecturas de tarot o hacer contemplación de cristales, a fin de que aumente tu intuición y clarividencia.

La azurita puede mejorar tu clarividencia[65]

Berilo —El berilo dorado es una piedra muy eficaz para la adivinación y otros rituales mágicos.

Heliotropo (Piedra de sangre) - Este cristal facilita tus poderes de clariaudiencia para que puedas oír claramente a los espíritus y comprender su mensaje. También mejora los sueños y puede hacer que tus mensajes nocturnos sean más claros y directos.

Calcita - El cristal del viaje astral y las experiencias extracorporales. Úsalo cuando quieras cruzar el velo y canalizar tu propósito superior. Los espíritus se conectan a la calcita y utilizarán su energía para traer mensajes más claros y detallados.

La calcita puede ayudar con las experiencias extracorporales[86]

Cornalina - Ayuda a la clarividencia y a la transición de los vivos al mundo de los espíritus. Utilízala en hechizos de adivinación para conectar con tus antepasados y recibir sus mensajes. La cornalina mejora tus habilidades psíquicas y desarrolla tus conexiones con tus guías.

Celestita - Ayuda cuando necesitas recordar un sueño que parece importante, pero que se ha vuelto vago en tu mente despierta. Mejora la comunicación con el mundo espiritual y las energías superiores.

Fluorita - La forma púrpura o violeta de la fluorita mejora tus conexiones psíquicas y te ayuda a descifrar los mensajes psíquicos. Úsala en hechizos y rituales para tener una idea más clara de lo que los espíritus intentan decirte.

Diamante de Herkimer - Ayuda al usuario a conectarse con guías espirituales y recopilar información sobre sus vidas pasadas. Ayuda a la clarividencia y otros poderes psíquicos.

Los diamantes de Herkimer pueden ayudarte a conectar con los guías espirituales[87]

Iolita - Refuerza las habilidades psíquicas y puede ayudar a los usuarios a encontrar su botón psíquico y activar sus conexiones espirituales.

Jaspe - Aumenta la calidad de los sueños y añade habilidades proféticas para que el usuario pueda interpretar signos y símbolos del mundo de los espíritus.

El jaspe aumenta la calidad de los sueños [88]

Labradorita - Si quieres una piedra de principiantes para usar en adivinación, elige esta. Según la leyenda esquimal, la aurora boreal, el famoso fenómeno natural, fue una vez atrapado en las rocas a lo largo de la costa canadiense en un lugar llamado Labrador. Un famoso guerrero viajaba por la región y se dio cuenta de lo que estaba ocurriendo. Utilizó su lanza mística para liberar las luces y devolverlas al cielo. Como las luces habían estado atrapadas durante tanto tiempo, dejaron una hermosa marca en las piedras, y estas se convirtieron en el poderoso cristal de labradorita que conocemos hoy en día. Son las piedras más poderosas para la adivinación y ayudarán a todos tus sentidos y conexiones.

Lapislázuli - Una piedra importante para la protección y la mejora espiritual. Mejora el chakra del tercer ojo y aumenta la comunicación psíquica.

El lapislázuli es útil para la protección [89]

Malaquita - Este cristal funciona como un eficaz compañero de la azurita; juntos, los cristales dan fuerza extra e intuición psíquica.

Merlinita - Ayuda a viajar a través de vidas pasadas y obtener conocimientos adicionales de existencias anteriores. Ayuda al usuario a encontrar conocimientos que le ayuden a ascender y desarrollarse.

Piedra lunar - Vincula al usuario con la energía lunar y le ayuda a lograr mayores conexiones espirituales. Mejora los sueños lúcidos y los viajes astrales con una mayor intuición.

Obsidiana - La multitud de colores del cristal hace que la adivinación sea más detallada y proporciona lecturas mejoradas.

Ópalo - Tradicionalmente una piedra de mala suerte en la adivinación, ayuda al usuario a inducir visiones de seres superiores y aumenta la intuición.

El ópalo aumenta la intuición [40]

Cuarzo - Refuerza el chakra de la coronilla y potencia el tercer ojo, lo que significa que el usuario experimentará una mayor comunicación con los espíritus y los seres superiores.

Zafiro - Esta gema aporta diferentes cualidades según el color. El negro es intuitivo, mientras que el morado ayuda al usuario a mejorar el recuerdo de sus sueños. Los zafiros verdes aumentan las habilidades psíquicas y los azules potencian el chakra del tercer ojo.

Sodalita - Aumenta las experiencias psíquicas y aporta una comprensión más profunda de mensajes y visiones.

Turquesa - Esta piedra milenaria se ha utilizado durante miles de años para tender puentes entre los reinos físico y espiritual.

La turquesa puede tender un puente entre los reinos físico y espiritual [41]

Cómo usar los cristales en adivinación, sanación y conciencia espiritual

La adivinación con cristales puede realizarse de muchas formas, y puedes experimentar para encontrar el método que se adapte a tu estilo. Los videntes llevan generaciones utilizando cristales para predecir el futuro, y el proceso se denomina litomancia.

Radiestesia con péndulo y cristales

Ya en el antiguo Egipto, en las culturas hindúes y en la historia china, hay muchos registros de adivinación con cristales utilizando péndulos. Los cristales se sujetaban a una cadena y se mantenían en altura para conseguir vibraciones que indicaran el mensaje del más allá. Algunos videntes calibraban su péndulo estableciendo instrucciones claras sobre lo que indicaba cada movimiento. Dos empujones a la izquierda para el sí y dos a la derecha para el no, son la primera calibración.

Hoy en día, muchos practicantes utilizan ruedas de péndulo para obtener respuestas más claras y lecturas más detalladas. Crean una rueda de posibilidades que se divide en 18 secciones de 20 grados para crear 18 específicos diferentes para tus preguntas. Estas pueden incluir cualquier detalle que consideres relevante para las preguntas que tengas acerca de los espíritus y de cómo ellos responden.

Los cristales utilizados en el péndulo son específicos para las respuestas metafísicas que necesitas, por lo que utilizar el cristal pertinente aumenta las posibilidades de obtener una visión eficaz de tus problemas.

Qué cristal utilizar en tu péndulo:

- Los cristales de rosa son los mejores para las preguntas sobre el amor y las relaciones. Pregunta a los espíritus sobre tus almas gemelas y el amor verdadero y sobre cómo será tu vida amorosa en el futuro.

- Los cristales de amatista te ayudan a encontrar respuestas sobre tu destino espiritual y sobre cómo tu vida pasada está afectando a tu deuda kármica. Utiliza el péndulo para responder a las preguntas que te causan ansiedad y miedo para que puedas sentirte más tranquila y conectada con tus existencias pasadas y futuras.

- La sodalita te ayuda a mejorar tu comunicación y a lidiar con la energía negativa. Aumenta tu capacidad de comunicación y te conecta con los ángeles y tu equipo espiritual. Utilízala en un péndulo para liberar cualquier sentimiento de odio y celos, así como para recuperar tu equilibrio espiritual.
- La labradorita es el cristal de la Aurora Boreal y te ayuda a responder preguntas sobre tu destino. Representa el poder de la curación y la terapia onírica. Te ayudará a sentirte más enraizado en tiempos de caos y crisis.
- Los péndulos de jaspe rojo aumentan tu sensación de confianza y valentía. Utilízalos para pedir a los espíritus que te ayuden a sentirte más capaz de resolver conflictos sin sufrir daños y a traer la paz a tu vida.
- La turmalina negra te ayuda a sentirte protegido y a salvo de los ataques psíquicos. Si sientes que estás bloqueado psíquicamente, utiliza un péndulo de turmalina negra para abrir esos chakras bloqueados y reanudar todas las formas de conexión espiritual.

Cristales para espejismo

El espejismo es una forma de adivinación que consiste en mirar a través de superficies transparentes a fin de obtener tener visiones sobrenaturales. Quizá el método más tradicional sea la bola de cristal, que ya se ha mencionado. Sin embargo, los practicantes modernos saben que muchos cristales diferentes servirán para este propósito sin necesidad de comprar una bola. Los cristales absorben y almacenan la energía del universo y te ayudan a sintonizar con tu yo superior y con el mundo de los espíritus para obtener percepción y conocimiento.

La obsidiana negra es una elección natural para el espejismo. Con su profundo color negro, es una forma eficaz de ver imágenes. Para obtener resultados, prueba buscando a la luz de la luna nueva y mira fijamente el cristal a la altura de los ojos mientras meditas sobre lo que quieres que el cristal te muestre. Los resultados deberían incluir imágenes claras de qué espíritus y creencias subconscientes son los adecuados para ti.

El cristal de cuarzo es una opción clara para la adivinación y te ofrece claridad de visión en su superficie sin defectos. Prueba a buscar con poca luz, tal vez con una vela, e invita a los espíritus a que te muestren sus respuestas y sugerencias.

Los cristales de jade polar son una opción popular para el espejismo debido a la profundidad de la claridad que proporcionan. Durante generaciones, sanadores y buscadores se han referido a él como "La Piedra del Poder", y es eficaz en la protección y conexión con tu yo superior. Posee poderosas cualidades curativas y se utiliza para procesar ideas y mejorar la concentración.

El cuarzo ahumado es perfecto para los principiantes, ya que es un cristal calmante y enraízante que absorbe la energía negativa. Te mantendrá seguro y protegido durante tu adivinación y te ayudará a conectar con los espíritus de forma eficaz.

Cristales para la clarividencia

Iolita

También conocida como la brújula de los vikingos, la iolita fue una pieza clave en el descubrimiento del Nuevo Mundo por parte de estos, ya que reducía el resplandor y polarizaba la luz solar para que los marineros vikingos pudieran navegar con mayor eficacia. El elemento aire rige la iolita, aumentando su capacidad para desbloquear habilidades y destrezas latentes, incluida la clarividencia. Si uno se tumba en el suelo y se coloca un cristal de iolita en la frente, en el entrecejo, ayuda a potenciar la concentración y a mejorar la memoria.

La iolita también puede despejar la mente del parloteo mental y aumentar la capacidad de aprendizaje, al tiempo que ayuda a potenciar los niveles de energía. Utiliza un elixir de cristales de iolita y agua para llenarte de energía solar y positividad.

Cianita

Estos cristales te ayudan a mejorar tus habilidades de clarividencia y a equilibrar todos los chakras del cuerpo. Eliminará las toxinas de los mismos y te ayudará a recuperar tu intuición y a obtener la magia hereditaria de tus antepasados. Llévalo en tu cuerpo para aumentar la comunicación espiritual a lo largo de tu vida habitual.

Labradorita

Una vez más, el versátil cristal de labradorita te ayuda a alcanzar la clarividencia. Es especialmente eficaz para estimular el cerebro y enseñarte a reconocer las señales de los espíritus. Activa los chakras de la garganta y del tercer ojo, lo que hace que la clarividencia sea más alcanzable.

Amazonita para adivinaciones fantasmales

Si te interesa comunicarte con fantasmas, considera la posibilidad de utilizar cristales de Amazonita, que abren otros reinos y te protegen del mal. La principal diferencia entre fantasmas y espíritus es que los fantasmas son siempre las almas de personas fallecidas, mientras que los espíritus pueden haber vivido en la Tierra, pero no necesariamente en forma humana. Los fantasmas se te aparecerán en forma humana y a menudo pueden presentarse como su forma humana, y sienten y actúan de forma diferente a los espíritus.

Los fantasmas suelen estar ligados a su ubicación debido a las trágicas circunstancias de su fallecimiento, y algunos ni siquiera se dan cuenta de que han muerto. Pueden tener un pasado trágico y vibrar con una energía caótica, pero muy pocos desean hacerte daño. Pueden estar confusos y desear completar asuntos pendientes antes de partir al otro reino, así que si contactas con ellos, prepárate para una historia triste o incluso para la ira. Esta es una forma especializada de adivinación que los principiantes no deben realizar. Una vez que te haya familiarizado con las comunicaciones espirituales, podrás intentar la adivinación con fantasmas y utilizar Amazonita para tus rituales.

Sodalita para la lectura del Tarot

Si te cuesta interpretar la señal que te dan las cartas del tarot, prueba a poner un cristal de sodalita junto a tu mesa. Te ayudará a conectar con tu sabiduría interior y a encontrar el significado de las cartas. La sodalita también te recuerda que debes profundizar en tus razones para hacer las preguntas y aprovechar tu intuición no utilizada.

Serpentina para conexiones angélicas y de otro mundo

Se cree que la serpentina está alimentada por la energía de la gorgona griega Medusa, la poderosa guardiana que podía convertir a los hombres en piedra con una sola mirada. Es una poderosa forma de conectar con otros reinos y encontrar la guía de los ángeles y espíritus que residen más allá de la Tierra. Te ayudará a encontrar el camino si estás perdida en el oficio, te sientes falta de inspiración y no sabes qué hacer a continuación.

Lapislázuli para encontrar su amarre

A veces, la magia y la brujería pueden resultar abrumadoras, y sientes que tu trabajo espiritual y tus hechizos se han estancado y no van a ninguna parte. Confía en el lapislázuli para que te ayude a encontrar tus raíces y a crear un vínculo en el mundo espiritual. A veces hay tanta actividad que puede ser difícil identificar a tu guardián principal, así que pide al lapislázuli que te ayude en tu búsqueda.

La adivinación puede parecer una actividad de la nueva era y una forma divertida de coleccionar cristales brillantes, cartas del tarot y runas, pero esta práctica tiene sus raíces profundamente arraigadas en las culturas antiguas. El budismo, el paganismo, el judaísmo y el cristianismo tienen registros de sabios o videntes que utilizaban la adivinación para ver el futuro. Hoy se sabe que gran parte de la lectura está impulsada por el subconsciente, alimentado por la energía del universo o el mundo espiritual. No hace falta ser religioso o estar afiliado a una creencia determinada para practicar la adivinación. Basta con creer.

Mantente a salvo con las reglas normales de la brujería y sé siempre respetuoso con la práctica. Los espíritus siempre están dispuestos a comunicarse con nosotros, siempre que les demostremos que lo hacemos por las razones correctas. Si utilizas la adivinación para divertirte y tratar asuntos triviales, díselo y pregúntales si te dan el gusto. Las preguntas que hagas no siempre tienen que cambiar tu vida; solamente tienen que ser honestas y venir de un lugar de amor.

Capítulo 8: Magia lunar

Diferentes fases del sol y la luna[48]

La gente da por sentado a la luna y al sol. Saben que ambos cuerpos celestes estarán ahí todos los días, que el sol aportará calor y luz, mientras que la luna ilumina el cielo nocturno. Es imposible imaginar el mundo funcionando sin ninguno de los dos, sencillamente porque no funcionaría.

Debido a sus propiedades mágicas, la luna es especialmente importante y afecta significativamente al funcionamiento de la Tierra y a los sentimientos de los seres humanos. El poder de la energía lunar gobierna las mareas y los mares, por lo cual se utiliza la palabra lunático para describir a un loco. Hace mucho tiempo, se creía que los humanos se comportaban de forma diferente en las fases del ciclo lunar, y los mismos principios se aplican a la magia. Cada fase tiene el poder de potenciar tu magia, siempre que sepas cómo utilizarla.

La magia lunar es un arquetipo de la magia, y los poderes de la luna han influido en la humanidad desde el principio de los tiempos. La luna ejerce una increíble influencia en y sus ciclos son intrínsecos a los poderes mágicos. La mayoría de los laicos conocen el poder de la luna llena y lo que aporta a la magia, pero son menos conscientes de las propiedades de los demás ciclos. La brujería y la magia seguirán funcionando, aunque no sepas en qué ciclo está la luna, pero es más probable que obtengas resultados más impresionantes si trabajas con la luna y te aseguras de que todos los elementos están alineados para tener éxito. Al igual que en la vida cotidiana, cuantos más recursos haya disponibles, mejor se hará el trabajo. Merece la pena profundizar en las distintas fases, pero puede que te apetezca tener una hoja de trucos mágicos para empezar. Estos sencillos desgloses te ayudarán a recordar cuándo debes lanzar tus hechizos y por qué. Puedes convertirlos en recordatorios para tenerlos junto a tu altar o en tu almacén de herramientas mágicas para utilizarlos durante tus trabajos de brujería.

La luna en cuarto creciente es el momento de:
- Sacar dinero
- Hechizos de atracción
- Progresión y aumento de las rachas
- Encontrar talentos ocultos
- Desarrollar y perseguir nuevos objetivos y competencias

La luna llena es el momento de:
- Cargar tus cristales
- Trabajar en un aquelarre
- Hechizos mayores de trabajo
- Lanzar magia curativa
- Aumentar los niveles de potencia
- Hacer magia de los deseos

La luna en cuarto menguante es el momento de:
- Trabajar en objetivos personales como la pérdida de peso
- Hechizos de eliminación
- Desterrar la magia

- Limpieza de energías
- Seguir adelante

La luna nueva es el momento para:
- Hechizos de adivinación
- Consultar al oráculo
- Iniciar nuevos proyectos
- Nuevos comienzos
- Establecer intenciones firmes

Magia para la Luna en Cuarto Creciente

Este es el ciclo de la abundancia, y como cabalgar una ola tierra adentro, hace que las cosas se muevan más rápidamente y con más intención. Es el momento de establecer hechizos para el éxito y el crecimiento personales.

Los hechizos a continuación te darán una idea clara de cómo funciona este ciclo, así que adelante y lanza esos hechizos para la belleza y la abundancia. Te lo mereces.

Crea un plan de crecimiento personal

El primer día de luna creciente, empieza con un papel en blanco y un bolígrafo. Escribe lo que quieres conseguir y qué resultados te convienen más. Piensa en tu relación, tu carrera o sus finanzas. ¿Qué podrías mejorar en estos ámbitos de tu vida? Ahora tienes un proyecto para tu éxito, y puedes lanzar hechizos o realizar rituales para asegurarte de que ocurran. Empieza con un plan claro y prepárate para celebrar tu éxito cuando aparezca la luna llena.

Hechizo para atraer el dinero

¿Cómo están tus finanzas? ¿Estás endeudada o simplemente te gustaría recibir más dinero? Aprovecha el ciclo de luna en cuarto creciente para atraer dinero a tu vida y crear oportunidades de ganar dinero.

Prepara un lugar para sentarte a la luz de la luna la primera noche del cuarto creciente. Trae una vela verde y un representante de dinero como un billete de un dólar o tu cartera. Siéntate en meditación bajo la luz de la luna y pronuncia el siguiente conjuro:

"Poder lunar, ven a mí, tráeme suerte y riqueza, llena mi cartera y mi vida de abundancia y amor; haz que así sea".

Deja que la vela se consuma de forma natural y entierra la cera. Cuando hayas completado el hechizo, empezarás a notar nuevas formas de ganar dinero. Tal vez alguien te pida que cuides a su mascota, o se haga disponible un nuevo puesto en el trabajo. Cualquier cosa que se te dé, asegúrate de tomarla, incluso si son cosas que no habías considerado en el pasado.

Hechizo de amor y atracción
Hechizo del tarro de miel

Esta es una parte introductoria en la mayoría de los hechizos de brujas. Es un hechizo poderoso y eficaz para impulsar las relaciones. Puede ser usado para propósitos románticos o para dar fuerza a las amistades. El hechizo de la miel se trata de crear intimidad y conexiones más profundas, por lo que lanzarlo durante la fase de luna en cuarto creciente funcionará aún más eficazmente.

Lo que necesitas:

- Papel y lápiz
- Un tarro lleno de miel
- Una vela roja para el amor apasionado, una vela blanca para fines generales o una vela rosa para la amistad.

Cómo lanzar el hechizo

1. Escribe el nombre de la otra persona en el papel.
2. Gira el papel 90 grados y luego escribe tu nombre en el papel tres veces hasta que cubra completamente el otro nombre del papel.
3. Cierra los ojos y visualiza lo que ves para los dos en el futuro antes de escribir esa intención alrededor de los dos nombres.
4. Ahora añade el papel al tarro lleno de miel, cubriendo el papel por completo.
5. Asegúrate de llenarte los dedos con un poco de miel antes de decir:

    "Así como esta miel es dulce, así será nuestra relación".

6. Lame lentamente la miel de tus dedos mientras repites las palabras de intención.
7. Cierra el tarro con una tapa.

8. Coloca la vela adecuada en la parte superior del tarro y enciéndela.
9. Deja que la vela arda de forma natural y que la cera selle el tarro.
10. Guarda el tarro hasta el próximo ciclo de luna creciente (*waxing moon*, luna de cera, en inglés antiguo).
11. Repite el hechizo hasta que hayas conseguido tus deseos.

Lanza hechizos para la alegría, la felicidad, la curación, el crecimiento social, el embarazo y otras fuentes de atracción en la luna creciente, y tu vida pronto empezará a sentir los beneficios.

Magia para la Luna Llena

Hay tres días en los que el poder de la luna llena es máximo. El día antes y el día después de la luna llena son tan poderosos como el propio día, y es cuando debes realizar tu magia más impresionante. En esta parte del capítulo, encontrarás formas sencillas de utilizar el poder de la luna llena.

Carga tus cristales

Crea un espacio al aire libre donde puedas ver la luna llena con claridad. Asegúrate de que el espacio esté limpio y sea lo suficientemente grande para que todos tus cristales puedan estar sin tocarse. Coloca una tela en el espacio y dispón cuidadosamente tus cristales para que se beneficien de la luz de la luna. Deja tus cristales a la luz de la luna durante dos horas y luego llévalos adentro de nuevo. Quedarán puros, limpios y libres de energía negativa.

Libérate de ataduras

Este ritual te ayuda a utilizar el poder de los arcángeles para seguir adelante. Invoca al arcángel Haniel para que te ayude en este ritual antes de realizarlo. Coge un papel y escribe todo lo que te retiene. ¿Es tu trabajo o tienes malos hábitos? ¿Hay cosas de tu pareja que desearías que fueran diferentes, o necesitas desintoxicar tu vida?

Cuando tengas tu lista, invoca el poder de Haniel y agradécele su presencia, prende fuego al papel y cierra los ojos mientras imaginas que tus problemas se queman en la atmósfera. Cuando abras los ojos, observa cómo se va el humo e imagina que se lleva tu negatividad con él. Vuelve a cerrar los ojos y pregunta a Haniel si tiene algún mensaje para ti. Lo que aparezca ante ti te dará la respuesta que necesitas.

Hechizo de deseo de luna llena

Lo que necesitas:

- Un tarro transparente con tapa
- Agua de lluvia que haya sido cargada a la luz de la luna
- Una moneda de plata
- Una campana
- Una vela de plata

Elige un espacio donde puedas trabajar a la luz de la luna y a plena vista de la luna. Sujeta la moneda y concéntrate en tus deseos, anhelos y en lo que quieres de la vida. Enciende la vela plateada.

Cuando te sientas preparada, echa la moneda en el tarro. Vierte el agua en el frasco mientras dejas que se cargue a la luz de la luna. Cuando el agua esté lisa y el reflejo de la luna se vea claramente en la superficie, di estas palabras:

"Este es mi deseo, y te pido que me lo concedas".

Toca la campana y expresa tu deseo en voz alta y con intención. Repite el proceso tres veces antes de tapar el tarro. Coge la vela y deja caer un poco de cera sobre la tapa antes de dar las gracias a los espíritus por su ayuda y entra en casa con todo el material.

Mantén la moneda en el tarro hasta que sientas que tu deseo se ha cumplido o hasta la próxima luna llena, cuando podrás repetir el hechizo para reforzar tus deseos.

Magia para la Luna en Cuarto Menguante

Libera y suelta en este periodo lunar de limpieza. ¿Cómo te afecta la negatividad y cómo puedes ser más positiva? La magia y los rituales realizados en el periodo de luna en cuarto menguante son especialmente eficaces para limpiar tu vida espiritual y física.

Limpieza del entorno

¿Dónde te sientes más protegida y a salvo de la negatividad? Tu casa debería ser un refugio, y tu espacio sagrado debería estar limpio de negatividad, pero al igual que la limpieza habitual, hay muchas formas diferentes de limpiar tus espacios. Algunos métodos funcionan mejor para algunos, mientras que otros son adecuados para ciertos espacios donde hay elementos restrictivos.

Cuándo limpiar tus espacios

La regla general es hacer una limpieza siempre que te sientas "raro" o no te sientas tan cómoda y segura como de costumbre. Sin embargo, a veces es necesario limpiarse después de ciertos acontecimientos o antes de realizar determinados rituales. Estos son algunos de los más comunes:

- Limpia tu casa después de que haya habido disputas o discusiones
- Limpia tu cama y dormitorio después de haber tenido pesadillas o sueños que te hayan dejado ansiosa y estresada.
- Limpia tu altar o espacio sagrado después de que un hechizo haya salido mal o haya sido ineficaz
- No siempre habrá energía negativa en tu altar o espacio sagrado después de haber conectado con espíritus o ancestros. Aun así, es importante limpiar la energía residual entre las comunicaciones.
- Limpia tus herramientas y ayudas a la adivinación entre lecturas y hechizos
- Limpia la bañera o el cuarto de baño antes de darte un baño ritual
- Limpia las áreas de trabajo tras experiencias negativas y proyectos fracasados

Diferentes tipos de rutinas de limpieza

Limpieza con agua

La forma más disponible y adaptable de limpiar es con agua pura. El agua de luna es la forma más eficaz de atraer la energía lunar a tu espacio, pero el agua pura también funciona. Llena una jarra o un tazón transparente con agua y pide a los espíritus que bendigan el líquido. Camina por tu espacio en el sentido de las agujas del reloj, agitando el agua por todo el perímetro. Este método es eficaz para la limpieza rutinaria y resulta muy económico.

Limpieza con sal

Este método es especialmente eficaz para superficies duras y suelos. Sustituye el agua por sal marina y espolvoréala por todo el perímetro de tu zona. Déjala durante una hora antes de barrerla y tirarla. Recuerde retirar los restos de sal de la casa y deséchalos lejos de tu entorno inmediato.

Tenga cuidado al limpiar una zona alfombrada, ya que la sal puede reaccionar con el tinte de las alfombras.

Despeje musical

Este método es una forma divertida de deshacerse de las malas vibraciones. Ya sabes lo que se siente cuando no sabes por qué, pero se te eriza el vello de la nuca y te sientes mal. Las malas vibraciones y la energía nerviosa no son lo ideal, así que utiliza este método para inyectarte positividad y alegría. Sube el volumen de la radio o saca un tocadiscos de los de toda la vida y ponte música que te guste. El hip-hop o el rock clásico funcionan especialmente bien y disipan la negatividad y la energía ansiosa. Elige la música que mejor se adapte a tu situación.

Limpieza con humos

Este método tradicional utiliza hierbas y palos para limpiar los espacios. Por supuesto, algunos espacios no son adecuados y algunas personas tienen problemas con el humo. Si el espacio es adecuado, utiliza manojos de salvia y palos de sahumerio para llenar la zona de humo purificador y eliminar la negatividad y las malas vibraciones.

Limpieza con aceites esenciales

Se trata de un método utilizado para limpiar espacios que han sido objeto de grandes perturbaciones. Es una limpieza a fondo que garantiza que el espacio esté armonizado y libre de negatividad. Elige los aceites que más te gusten o sean adecuados para la situación y unge con ellos las cuatro esquinas del espacio. Utiliza un difusor para cubrir el resto de la zona mientras invocas la bendición de los espíritus.

Limpieza del aliento

¿Y si el espacio que necesitas limpiar está en tu interior y te sientes bloqueada? Despeja tu mente y tu aura con esta sencilla rutina y levanta el ánimo y el humor. Límpiate bien los dientes y la boca antes de sentarte en un lugar tranquilo donde no te molesten. Inspira contando hasta 5 y espira contando hasta 6. Visualiza un lugar tranquilo y relajante en el que te sientas seguro e imagínate en él. Siente cómo te envuelve un manto de calma mientras repites el ejercicio de respiración g hasta que te sientas tranquila y asentada.

Magia para la Luna Nueva

Cuando la luna casi ha abandonado el cielo, es el momento perfecto para honrar a tus antepasados y explorar tu mente inconsciente. Profundiza en tu subconsciente y haz un examen de conciencia. Date un baño ritual caliente con tus hierbas y aceites favoritos para liberar tensiones y traumas acumulados.

Utiliza estos métodos para desterrar el drama y volver a encarrilar tu vida:

Método de la vela desterradora
Lo que necesitas:
- Dos dientes de ajo enteros
- Cuatro granos de pimienta enteros
- ¼ litro de aceite de oliva
- Vela negra
- Herramienta de tallado

Remoja el ajo y los granos de pimienta en aceite de oliva durante dos días antes de la luna nueva. Talla la palabra "drama" en la vela cuando llegue el momento de realizar el ritual. Si tienes problemas más específicos, utiliza palabras diferentes para representar lo que te preocupa. Unge la vela con el aceite, realizando un movimiento hacia abajo. Deja que el aceite escurra hasta que la vela esté totalmente lista para su uso. Colócala en un portavelas y enciéndela bajo la luna nueva, por la noche. Di unas palabras a los espíritus, deja que la vela se consuma por completo y entierra los restos.

Método para Enterrar el Drama

¿Tienes viejos problemas que te han perseguido a lo largo de la historia? ¿Estás harta de los problemas que no paran de reaparecer? Toma un papel y haz una lista de los conflictos y problemas que te preocupan. Hazla detalladamente y definiendo el problema con claridad, y asegúrate de que quedes conforme con la lista.

En la noche de luna nueva, coge una pequeña pala de mano, un poco de tierra bendita y el papel que contiene tus asuntos. Ve a algún lugar lejos de tu casa y entierra el papel en lo más profundo de la tierra. Coloca la tierra bendita encima y vete. Aléjate y no mires atrás.

Hechizo para romper un mal hábito

El proceso de enterramiento es eficaz en la luna nueva y puede utilizarse para eliminar un mal hábito.

Lo que necesitas:

- Pequeña caja de madera
- Bolígrafo y papel
- Diente de ajo
- 2 trozos de romero
- Símbolo de tu mal hábito (un mechero, por ejemplo)
- Un puñado de monedas
- Pala

Lo primero que hay que recordar es que los hábitos son difíciles de abandonar, y tienes que estar seguro de que es lo que quieres. Escribe todas las razones para dejar de fumar en un papel y guárdalo en un lugar donde puedas verlo siempre que quieras para recordarte a ti mismo por qué estás en este camino.

Durante la luna llena, carga tu caja de madera a la luz de la luna antes de colocarla en tu espacio sagrado durante dos semanas. Cada vez que pienses en tu mal hábito durante esas dos semanas, introduce una moneda en la caja. Al principio, esto ocurrirá a menudo, pero debería ser menos habitual a medida que pasen las semanas.

Añade ajo y romero a la caja la primera noche de luna nueva. Coloca también el símbolo dentro y cierra la tapa. Tómate tu tiempo para llorar la pérdida de algo que ha estado contigo durante mucho tiempo antes de cerrar la tapa del todo, y tal vez clavarla o pegarla.

Entierra la caja en un lugar que te guste. Lo mejor es un lugar con agua corriente, ya que el movimiento del agua ayudará a alejar la intención. Aléjate y no mires atrás.

Resumen de la Magia Lunar

Sea cual sea el ciclo o la estación, es importante trazar cómo trabajas con la energía lunar. Tómate una noche al trimestre para sentarte bajo la luna y reflexionar sobre cómo te sientes. ¿Te sientes cansada o vigorizada por la energía? ¿Te sientes más conectada en determinados momentos, o es la luna una forma eficaz de practicar la atención plena para ti? Si eres practicante de la Wicca, ya conocerás el poder del *esbat*, que es un momento pagano de poder.

Haz la transición a una vida centrada en la luna, benefíciate de su poder celestial y mejora tu artesanía. La brujería lunar es abrumadora porque es muy poderosa, así que empieza poco a poco y aumenta tu experiencia para mejorar tu vida normal y tu vida como hechicera.

Capítulo 9: Guías espirituales

Se cree que ingerir plantas psicoactivas te conecta con los elementos vegetales de la naturaleza[48]

¿Quién forma parte de tu equipo? En tu vida normal, puede ser tu pareja, tu mejor amigo, tu familia, alguien del trabajo que siempre está ahí para ti o alguien del gimnasio que te ayuda a hacer ejercicio. Tu círculo social es tu equipo, lleno de personas en las que puedes confiar, a las que puedes querer y que te cubren las espaldas. Pero, ¿y tu equipo espiritual? ¿Quién forma parte del equipo que te guía en tu vida mágica y qué importancia tiene en tu vida cotidiana? Este capítulo trata de los guías espirituales y de cómo forman parte de tu vida, aunque no te des cuenta de que están ahí.

En las creencias del espiritismo occidental, se asignan múltiples tipos de guías a tu equipo, y su propósito espiritual es actuar como guía o protector para ti. Pueden haber formado parte de tu equipo en vidas anteriores o ser nuevos en esta encarnación. Tu equipo, al igual que tu círculo social habitual, cambia y se adapta a tus necesidades. Algunos guías estarán contigo desde tu primera encarnación y permanecerán allí hasta que asciendas, mientras que otros entrarán y saldrán de tu vida cuando los necesites.

Otro hecho fascinante sobre tu equipo espiritual es que pueden o no haber pasado tiempo en la Tierra como humanos. Algunos pueden proceder de planos astrales y sistemas extraterrestres, mientras que otros pueden vivir en planos de luz. Algunos pueden ser ángeles y arcángeles que se dedican a guiarte sin importar la religión que sigas. Es un error común pensar que los ángeles y los arcángeles solamente ayudan a los cristianos. En términos espirituales, sirven a la humanidad y no les interesan tus creencias religiosas.

Tu guía espiritual principal siempre está ahí para ti y fue asignado a tu vida - mucho antes de esta existencia terrenal. Conocen cada fibra de tu ser y te ayudarán siempre que lo necesites. Los guías espirituales son benévolos y cariñosos, y nunca te juzgan a ti ni a tus actos, pero pueden intervenir si consideran que vas por mal camino. Se dedican a guiarte y a ayudarte a alcanzar un propósito específico y dedicado en tu vida actual. Tienes total autonomía a la hora de tomar decisiones; tu equipo espiritual siempre te ayudará a conseguir lo que deseas.

¿Hay algún espíritu que deba evitarse?

Por supuesto, no todos los espíritus son iguales. Lo principal es recordar que la energía que envías al mundo reflejará la energía de los espíritus que atraes. En la vida normal, no pedirías consejo sin más a un desconocido; necesitas saber que la persona está en el mismo plano moral que tú para obtener información importante. Se aplica el mismo consejo en cuanto a los espíritus que con la conexión con las deidades. Hay seres de bajo nivel vibracional que no coinciden con tu frecuencia y deben ser evitados. No son necesariamente malignos o dañinos, pero pueden afectarte si te conectas con ellos.

Puedes despedirte y desconectarte si te sientes conectado a un espíritu que no coincide con tu frecuencia. No seas irrespetuoso; dales las gracias como lo harías en las comunicaciones habituales y despídete respetuosamente. Necesitas usar tu intuición y sentido común para determinar con quién y con qué te conectas, así que aplica esto a tu equipo de espíritus y reúne los espíritus más positivos y efectivos que puedas.

Conoce al equipo

1. Guías de vida o ángeles de la guarda

Estos espíritus son tus energías de referencia que nunca te abandonan. Funcionan en un nivel energético superior al de los humanos y siempre están dispuestos a impartir sus conocimientos y sabiduría. Puede que ya sepas quiénes son de tus vidas anteriores. Puede que tengan un nombre y una forma reconocible en tu mente. Son los "jefes de oficina" de tu equipo, saben cómo lidiar con el caos y vigilarán al resto de tu equipo. Aportan paz y amor a tu existencia y se alegran de estar ahí. Recuerda conectar con tus ángeles de la guarda, preguntándoles sobre sus antecedentes como espíritus. Estas conversaciones profundizan tu conexión y te ayudan a comprender su ethos.

2. Guerreros y protectores

Son tus guardaespaldas personales que se dedican a mantenerte a salvo, tanto física como espiritualmente. ¿Alguna vez has tenido una corazonada que te ha hecho replantearte tus acciones o planes? Podría ser tu guía guerrero diciéndote que algo no va bien.

Los espíritus guerreros están increíblemente iluminados y trabajarán contigo para filtrar cualquier consejo y guía adversos que no estén dedicados a ayudarte a alcanzar tu propósito más elevado. A menudo se te aparecerán como guerreros literales, soldados u otras formas defensivas. Si ves a un luchador de sumo o a un guerrero vikingo en tus sueños o visiones, saluda a tu guía espiritual guerrero.

3. Guías porteros

Son otra forma protectora del espíritu. Actúan como tu portero y comprueban todo lo que entra en tu vida. Los porteros son increíblemente importantes y tienen acceso a tu registro akáshico. Este es el plano espiritual de tu vida y contiene información sobre tu vida pasada, presente y futura. Solo permiten fuentes de energía que se dediquen a traerte, formas de energía amorosas y de alto nivel.

4. Guías maestros

Como su nombre indica, estos espíritus están ahí para enseñarte lecciones. Son increíblemente sabios y prácticos, y te visitarán cuando te estés desviando del camino que llevas. No te están juzgando; simplemente tienen que señalarte tus elecciones y ofrecerte caminos alternativos. Algunas personas temen a sus guía maestros, pero, en realidad, son algunos de los guías más eficaces que tienes. Se te aparecen cuando necesitas evaluar tu situación actual y tal vez cambiar de rumbo.

5. Guías animales o tótems

La brujería moderna y los paganos han "redescubierto" el poder del espíritu animal. Algunas culturas antiguas, como la china y la de los indios americanos, han sabido durante generaciones lo importantes que son los animales espirituales, y tú puedes beneficiarte de tu propia conexión con el mundo animal. Tus animales espirituales reflejan tus anhelos internos y tu personalidad. Conectarán a muchos niveles y reflejarán tu ética de trabajo, tus pasiones y tu forma de actuar instintiva. Algunas personas creen que pueden elegir su animal espiritual, pero eso no es cierto. Puede que imagines que tienes conexiones con animales "geniales" como delfines o águilas, pero tu animal espiritual te elige a ti. Puede ser una araña, un gato, una serpiente o un perro. Necesitas meditar y reflexionar para que tu animal se te aparezca en tus sueños o visiones.

6. Antepasados

Muchas culturas antiguas tienen rituales y ceremonias para celebrar a los muertos y a sus antepasados. Ofrecen comida y bebida a los espíritus de los difuntos y les dan la bienvenida a la Tierra. En la brujería moderna, también puedes aprovechar las energías ocultas de tus familiares. Traen conexiones de sangre que son históricas y personales. Conocer a tus antepasados y a los espíritus de tu familia te ayudará a sentirte parte de tu linaje y puede ser hermoso y cambiarte la vida. Algunos espíritus ancestrales serán miembros de su familia que ha conocido, mientras que otros serán parientes fallecidos hace mucho tiempo, que vivieron mucho antes que usted.

7. Trans-especies

La vida moderna es muy consciente de lo trans y de lo que significa en la sexualidad. Sin embargo, también hay espíritus trans que encarnan la conexión entre la humanidad y el mundo animal. Piensa en los antiguos espíritus guía y en las formas que adoptaban para inspirarte sobre lo que puedes esperar. El dios indio Ganesha tenía forma humana con cabeza de elefante. En cambio, Anubis, el dios egipcio, tenía cabeza de chacal. En la mitología griega, Equidna era mitad mujer y mitad serpiente, mientras que Ra, el dios egipcio, era un hombre con cabeza de halcón.

Grupos de espíritus que entran en esta categoría

- **El Centauro** - De la mitología griega, esta criatura mitad hombre y mitad caballo ha ganado más atención desde los libros y películas de Harry Potter. Su origen se remonta a la época de la civilización minoica. Se cree que quedaron tan impresionados por otras culturas que montaban a caballo que crearon el mito del centauro.
- **La Arpía** - En los cuentos griegos y romanos, la arpía es un ave con cabeza de mujer que se describía como un "buitre humano". Representan los vientos destructivos y significan la eliminación de la energía negativa.
- **Las Gorgonas** - Las tres hermanas de la mitología griega que fueron el teriántropo más terrorífico fueron las gorgonas, que eran mujeres en todos los sentidos, excepto por su aterradora cabellera hecha de serpientes que se retorcían y siseaban. El simple hecho de mirarlas convertía a los humanos en mitad hombre/mitad caballo de piedra, y se cree que son la representación original del miedo a las serpientes. Algunas gorgonas se representan con escamas y garras, pero las más reconocibles son las que tienen pelo de reptil.
- **La Sirena** - La leyenda original procedía de Asiria y hablaba de una hermosa doncella con cola de pez que se había transformado en sirena avergonzada por haber matado accidentalmente a su amante humano. Estas criaturas suelen aparecer para ayudar a marineros y navegantes y podrían formar parte de tu equipo espiritual.

Otros espíritus trans son las hadas, las esfinges y los faunos, todo estos criaturas juguetonas y divertidas que te visitan cuando necesitas experimentar una energía verdaderamente mágica.

8. Ascensión y guías del alma

Algunos de tus guías estarán directamente relacionados con la edad de tu alma y el nivel de tu ascensión. Si eres un alma antigua, recibirás una guía adecuada a tu nivel. Si eres nuevo en el proceso, se aplica el mismo principio. Al igual que en la vida normal, recibirás la información que necesites en función de tu experiencia y de la edad de tu alma.

9. Plantas

En las prácticas chamánicas, se cree que ingerir plantas que tienen elementos psicoactivos te conecta con las energías vegetales de la naturaleza. Los chamanes creen que las plantas son una fuente importante de energía vibrante y viva, por lo que realizan rituales y ceremonias para celebrar este hecho. Ciertas especies de cactus y acacias pueden crear la misma experiencia, pero pueden ser peligrosas. Supongamos que quieres invocar a los espíritus del mundo vegetal. En ese caso, es más seguro concentrarse en el mundo vegetal simbólico que en las experiencias vivenciales.

10. Maestro Ascendido

Son las "celebridades" del mundo espiritual. Han vivido como humanos y dominan los aspectos espirituales de la vida. Su experiencia de trascendencia espiritual y su capacidad para elevarse por encima del ciclo de la reencarnación los convierte en los maestros definitivos, que te proporcionan una visión de lo divino. Están a disposición de todo aquel que los invoque, siempre que sus intenciones sean verdaderas y provengan del lugar adecuado. No forman parte estrictamente de tu equipo, pero siempre están al margen, listos para ser llamados si es necesario. Han pagado su deuda kármica y dominado la ascensión.

Maestros Ascendidos Comunes

- **Jesús** - El más importante maestro ascendido que dio su vida para salvar a la humanidad. Él trae la energía del amor incondicional y la alegría. Enseña y muestra la última forma de perdón al perdonar a aquellos que le crucificaron.

- **Los Arcángeles** - Parece desdeñoso unir a todos los Arcángeles en un solo grupo, pero son la personificación de lo que son los maestros ascendidos. Cada uno de los ángeles aporta cualidades diferentes, y pueden trabajar en equipo dentro de sus filas para ayudarte. Estúdialos y descubre lo que aportan a tu vida antes de llamar a estos seres celestiales para que formen parte de tu equipo. Recuerda, a los ángeles no les importa si eres religioso o no. Ellos tienen cosas más importantes en las que pensar, y tienen el oído de Dios.

- **Amoghasiddhi** - En el budismo, esta deidad es la destructora de la envidia y la portadora de la realización. Te ayudará a superar la envidia y a superar tus obstáculos cuando sea necesario.
- **Krishna** - La octava encarnación del dios hindú Visnú Krishna es sabia y compasiva, aportando curación y amor a tu vida.
- **Milarepa** - El famoso yogui tibetano que fundó la escuela de budismo tibetano y es una encarnación espiritual de la alegría. Es famoso por su poesía y sus canciones, por lo que te inspirará a ser más creativo y cariñoso.
- **Madre Teresa** - La monja católica albanesa que enseñó al mundo el significado de la verdadera compasión y fue una luz destacada en la Iglesia. Pídele bondad y amor cuando sientas que necesitas más humanidad en tu vida.

Cómo conectar con tus guías espirituales

Puedes utilizar los mismos métodos que se describen en el capítulo sobre dioses y diosas, y obtendrás una respuesta. Los métodos a continuación están más dedicados a ciertos grupos y espíritus e intensifican tu intención, que es la base de toda buena magia.

Antepasados

Tus antepasados te esperan en el mundo de los espíritus y hay muchas formas de conectar con ellos. Crea un árbol genealógico e investiga a tus antepasados. Hay tantos recursos en Internet que es fácil averiguar de dónde vienes. Otra forma de conectar con tus antepasados más recientes es utilizar objetos que una vez les pertenecieron. Tal vez tengas una joya o una prenda de ropa favorita que asocies con tus familiares. Mantenla cerca y deja que tu mente se despeje de todo excepto de tus recuerdos. Pídeles que te visiten, que compartan contigo sus experiencias vitales y que te guíen para el futuro.

Tus antepasados responderán y aportarán a tu vida el inconfundible sentimiento de familia. Te sentirás animado y alegre. Aumenta esta conexión llevando tus objetos o exponiéndolos en tu casa. No hace falta que haya un santuario dedicado a tus parientes, solamente un lugar donde puedas recordarlos y agradecer su influencia.

Los Arcángeles u Otros Maestros Ascendidos

Conectar con los miembros más elevados del reino espiritual es desalentador para los principiantes, pero eso no significa que no debas intentarlo. Los espíritus tienen una jerarquía, pero también son seres benévolos dedicados a ayudar a la humanidad a vivir mejor. Nunca se adelantarán ni interferirán si no les preguntas primero. Respetan el libre albedrío y tus decisiones personales y nunca te visitarán a menos que se les convoque.

Investiga a tus espíritus y conócelos como hiciste con los dioses y diosas. ¿Qué consiguieron en la Tierra? ¿Por qué eran conocidos y por qué te sientes atraído por ellos? Tu instinto te dirá con quién comunicarte y por qué.

Pasos sencillos para mejorar la comunicación

Paso 1 - Desarrolla el hábito de pedir ayuda

Cuando te encuentres con pequeños problemas durante tu vida normal, intenta pedir ayuda a los espíritus o al universo. Cuanto más pidas, más recibirás, y el proceso se volverá más natural. Piensa en ellos como en una línea de ayuda que siempre está ahí y lista para atender tu llamada.

Paso 2 - Haz una lista de lo que necesitas

La vaguedad no funciona con los guías espirituales. Cuanto más claras sean tus peticiones (y más detalles, proporciones), más eficaces serán tus guías espirituales. Tómate tu tiempo para hacer una lista de los asuntos más importantes de tu vida y el efecto que están teniendo en ella. Sé conciso, pero claro, y escribe la lista con la intención y la convicción de que este es el primer paso para resolver tus problemas.

Paso 3 - Escucha y ve las señales

Una vez que hayas lanzado tus peticiones, te corresponde a ti reconocer las señales que te envían.

Señales de que tus espíritus se comunican contigo

- **Te sientes en paz y tranquilo.** Si tienes la sensación de que alguien mira por encima de tu hombro y te mantiene a salvo, te sientes reconfortado. El miedo y las dudas desaparecen y te sientes optimista y alegre.

- **Ves señales que significan algo para ti.** Los espíritus son juguetones y les gusta mezclarse un poco a la hora de comunicarse. Te enviarán señales y símbolos que son personales para tu vida y los repetirán hasta que hayas resuelto tus problemas. Presta atención a los símbolos que se repiten y que tienen un significado especial para ti.

- **Obtendrás ideas y percepciones repentinas** Si se te ilumina la bombilla después de haber pedido ayuda al mundo de los espíritus, podría tratarse de una comunicación suya. Tienen el poder de enviarte imágenes mentales o ideas para guiarte en la dirección correcta.

- **Recibes información de fuentes inesperadas.** Si de repente ves una oportunidad para hacer algo que antes no existía, podría indicar la presencia de ayuda espiritual. Te darán oportunidades de emprender acciones concretas que quizá no tengan sentido, pero que te ayudarán si eres lo bastante valiente para emprenderlas. Confía en tus instintos y en que esta información te ayudará.

- **Sensaciones físicas.** Algunas personas dicen sentir sensaciones físicas cuando conectan con los espíritus. Sensaciones de hormigueo cálido y presión en determinadas zonas podrían indicar que están contigo.

- **Señales físicas.** Los espíritus son muy buenos enviándote señales de la naturaleza que muestran que están cerca. Las plumas son una opción popular y a menudo aparecen para mostrar que no estás solo. Algunos dicen que los pájaros aparecen en su jardín cuando pierden a un ser querido o que otro animal cualquiera aparece de repente. Debes estar atenta a estas señales y dar las gracias cuando las veas.

Conéctate a tierra después de conectar con el mundo espiritual

La conexión con los espíritus es un proceso físico y mental. Con el tiempo, tendrás que volver a tu forma física en la Tierra. El cambio de energía que experimentas no es práctico para la vida normal, por lo que necesitas conectarte a tierra e involucrarte en la existencia totalmente humana a la que tu cuerpo está acostumbrado. He aquí algunos métodos sencillos para volver al planeta y recuperar el equilibrio:

- Estampa los pies y siente cómo la energía se drena hacia el suelo bajo los mismos.

- Siéntate sobre una piedra o roca y deja que su material natural absorba la energía.

- Date cariño con una bebida o un tentempié para demostrar que vuelves a ocuparte de ti mismo.

- Crea una barrera imaginando que te rodea una luz blanca. Una vez dentro de tu burbuja, volverás a tu estado natural.

Recuerda que todas las sugerencias de este capítulo no funcionarán para todo el mundo, pero te ofrecen un modelo para tus comunicaciones. Los espíritus están ahí para ti y te ayudarán a formar parte del universo espiritual.

Capítulo 10: Magia ritual

La magia ritual puede sonar como algo que solamente está al alcance de brujas y practicantes avanzados. Suena como una forma épica de magia que necesita ser estudiada y practicada para obtener resultados efectivos. Implica arte y ciencia, y te ayuda a transformar y cambiar tu vida para que te empoderes y puedas crear la vida que elijas. Es una práctica mágica que te permite aprovechar las capacidades de tu memoria racial y acceder a los poderes y recuerdos de la humanidad a través del tiempo.

Cuando los antiguos egipcios practicaban la magia ritual, sus conocimientos y prácticas pasaban a formar parte de esa historia colectiva de la magia. Cuando los babilonios o las culturas hindúes crearon nuevas formas de comunicarse con los espíritus y demonios de sus creencias, ese conocimiento también se añadió a la sopa mágica primordial que te espera para cenar.

Tu mente inconsciente recordará estos recuerdos y conocimientos raciales sin que te des cuenta, y te permitirá reconocer símbolos y signos de la historia. Los reinos colectivos de la magia, los pensamientos superiores, los sueños y la creación están ahí para ti y han existido desde los albores de la creación. En todo el mundo, diferentes culturas han practicado la magia ritual, y no limitaron sus creencias a la ciencia. Sólo en las últimas generaciones los humanos han retrocedido a la creencia infantil de que si no pueden reconocer algo con sus sentidos físicos, entonces no es ni puede ser verdad. Los humanos se han convertido en una raza de personas que piensan que si no pueden medirlo, entonces no existe.

Magia ritual en los términos actuales

La magia ritual es una de las formas más poderosas de magia, y puede darte acceso directo a energías superiores de innumerables reinos que traerán cambios reales a tu vida. Se realiza con todas las partes de uno mismo y sumerge la mente, el alma, el cuerpo y las intenciones más profundas en el ritual, de modo que la ceremonia y la magia se conviertan en otra extensión de tu ser. Esta práctica, también conocida como magia ceremonial, ganó popularidad a finales del siglo XIX y principios del XX.

La afluencia de creencias paganas y prácticas ocultistas hizo que las ceremonias y rituales se hicieran más populares, y el ocultista Alastair Crowley fue uno de sus defensores más eficaces. Las ceremonias y rituales estaban impregnados de secretismo para garantizar que los practicantes pudieran realizar sus ceremonias sin recriminaciones. Hoy en día, la práctica es más abierta e implica profundizar en la concentración y construir la práctica, para que la magia sea más poderosa. No es una práctica para magia casual. Esto cambiará tu vida y cómo te relacionas con tu mente subconsciente. Es un paso más en tu viaje y te ayudará a abrazar una vida de transformación y progresión.

Técnicas de magia ritual

Los capítulos anteriores han tratado algunas técnicas más populares como la adivinación, la invocación y la evocación de espíritus y deidades. Otras técnicas se dan en la magia ceremonial, como el ritual mágico de la Eucaristía, que ha evolucionado a partir del cristianismo e implica la digestión de alimentos normales que se han convertido en divinos. A esto se le llama Santa Comunión, una parte importante de la creencia cristiana.

La consagración es otra forma de magia ceremonial que consiste en dedicar un espacio o una persona como esfera sagrada utilizada para un fin y un servicio mágicos.

El destierro es la forma más utilizada de magia ritual y puede emplearse para eliminar influencias no físicas de tu vida. Uno de los rituales más eficaces es el Ritual de Destierro Menor del Pentagrama, que se describe a continuación.

El Ritual de Destierro Menor del Pentagrama

Este ritual mágico te permitirá comprender mejor cómo funciona el proceso y el poder de tu intención. Puede adaptarse a tus necesidades y requisitos y a las deidades y espíritus con los que trabajes.

Paso 1. Colócate en el centro de un espacio sagrado y mira hacia el este. Imagina que eres una escultura gigante que mira al planeta como una diminuta esfera en la línea de tus ojos. Eres el centro del universo y todo gira a tu alrededor. Mira hacia arriba y observa la luz blanca brillante que emana de encima de ti y llévala hasta tu frente.

Paso 2. Sostén el rayo de luz como si fuera una daga y repite la palabra ATAH mientras sientes las vibraciones.

Paso 3. Mueve la mano derecha hacia abajo por tu cuerpo, pasando por la garganta, el pecho y la zona inguinal mientras sientes la luz blanca que te atraviesa. Ahora hay un rayo de energía y luz blanca que va desde lo más alto del universo hasta la Tierra, y pasa justo a través de tu cuerpo. Di la palabra MALKUTH mientras sientes que se forma la conexión.

Paso 4. Levanta la mano hacia el hombro derecho e imagina que la luz blanca es atraída hacia ese punto. Ahora visualiza que la luz emana de tu hombro hacia el universo. Di la palabra VEGEBOORA mientras la luz pasa a través de usted.

Paso 5. Repite el proceso con el hombro izquierdo, sustituyendo la palabra por VEGEDOOLA.

Paso 6. Ahora céntrate levantando los brazos hacia el pecho como si estuvieras rezando y júntalos. Di las palabras LAYOLAM AMEN. Ahora eres la parte central de una cruz con luz emanando de ti hasta los bordes del universo. Ahora eres el gobernante de tu universo y el creador de tu destino.

Paso 7. Ahora mira hacia el este y traza un gran pentagrama de cinco lados con el dedo. Imagina que las líneas están formadas por luces llameantes de color azul brillante, y que el pentáculo brilla con el poder de mil lámparas. Lleva las manos a los lados de la cabeza y apunta con los dedos hacia delante. Mientras lo hace, empuja el pie izquierdo hacia delante y pronuncia la palabra YODAYVAVHEH. Esta es la señal hebrea del entrante y muestra al universo tu intención de marchar hacia delante y captar la energía de tu vida.

Siente cómo la energía divina te atraviesa y es absorbida por el pentagrama. Coge el pie izquierdo y colócalo en su posición anterior, de modo que estés de pie y recta. Ahora levanta la mano izquierda y ponte el dedo índice en la boca en señal de silencio. El brazo derecho debe permanecer extendido y apuntando al pentagrama.

Paso 8. Empieza a caminar hacia atrás, hacia la parte sur de tu área, con el dedo, aun manteniendo una conexión con el pentagrama azul.

Crea una línea blanca de energía ardiente entre el símbolo y tú. Al llegar al punto más meridional, habrás creado un círculo de energía entre el símbolo y tu persona.

Traza otro pentagrama en el aire y pronuncia la palabra ADONAY mientras ves cómo las llamas cobran vida. Repite este proceso en el oeste mientras vibras con la palabra EEHAYYAY. Haz lo mismo en el norte, diciendo AGALA, y luego camina hacia el este para completar el círculo.

Paso 9. Observa el círculo que has creado. Cuatro magníficos pentagramas en los puntos cardinales de tu espacio, todos unidos por un círculo de pura energía blanca.

Paso 10. Sitúate en el centro de la zona, recrea la cruz mágica de energía cabalística e invoca al ángel Gabriel pronunciando su nombre. Imagina que está de pie detrás de ti, vestido con magníficas túnicas de color naranja y azul, y que su elemento favorito, el agua, fluye sobre tu espalda.

Paso 11. Ahora abre los ojos, mira a tu derecha y di: "A mi derecha, Miguel", y, visualiza al arcángel del fuego de pie a su lado. Sus vestiduras son rojas y verdes, y puedes sentir el calor de su elemento favorito, el fuego, calentando tu cuerpo.

Paso 12. Extiende los brazos e invoca al arcángel del aire, RAFAEL, y visualízalo de pie con sus vestiduras de color amarillo y violeta. Siente la refrescante energía de su elemento, el aire, en tu cara y cuerpo.

Paso 13. Mira por encima de su hombro izquierdo e invoca al arcángel de la tierra, AURIEL, vestido con túnicas rojizas y verdes. Siente la solidez de su energía entrar en tu cuerpo y hacerte sentir enraizado y seguro.

Paso 14. Tómate un minuto para visualizar lo que ha creado. Un asombroso círculo de energía con un pentagrama resplandeciente y la presencia de arcángeles. Di,

"*A mi alrededor brillan estos pentagramas*".

y ahora traza la forma de un hexágono en un brillante fuego naranja en tu pecho. Di,

"*Dentro de mí brilla el poder de la estrella de seis puntas*".

mientras terminas el ritual.

Utiliza este ritual para desterrar la negatividad y pedir a los arcángeles que cambien tu vida y te impregnen de la fuerza del universo. Este círculo es impenetrable y te protegerá de todas las fuerzas e influencias negativas.

Cómo Lanzar un Ritual Wiccano Círculo Mágico

Se trata de un sencillo ritual de protección que puedes llevar a cabo en cualquier lugar y que puedes modificar para adaptarlo a tus necesidades y a la época del año en que realices tu magia. Utiliza la rueda del año para ayudarte a elegir elementos rituales que celebren el poder de la naturaleza. Si tienes poco espacio, utiliza sólo la parte de las cuatro velas para un ritual temporal eficaz.

1. Elige un espacio y prepara el ambiente poniendo música que te inspire mientras trabajas.
2. Limpia la zona con una escoba ritual que sólo se utilice para magia, no para las tareas domésticas habituales, ayudándote a preparar la escena.
3. Utiliza velas para marcar los puntos cardinales de la habitación. Rojo para el sur, azul para el oeste, verde para el norte y amarillo para el este.
4. Muévete en el sentido de las agujas del reloj y enciende las velas mientras rezas una oración de agradecimiento a los espíritus o deidades que hayas elegido.
5. Utiliza rotuladores para formar un círculo entre las velas. Los objetos naturales como ramas o flores funcionan y aumentan la conexión con la naturaleza.
6. Coge un tazón de agua y bendícelo con estas palabras:

   "Consagro este líquido para que ocupe un lugar en mi círculo sagrado, y pido que esté bendecido por los Dioses Madre y Padre (o las deidades que elijas) y sea capaz de repeler el mal".
7. Ahora coge un tazón de sal y di estas palabras:

   "Pido a la Madre y al Padre que consagren esta sal y la hagan apta para habitar en el círculo sagrado".
8. Imagina que el agua y la sal dispersan toda la energía negativa de la habitación y dejan tras de sí un espacio limpio y sagrado. Camina alrededor del círculo y pronuncia las siguientes palabras:

   "Aquí está mi límite sagrado: que no entre nada que no sea amor".

   No habrá negatividad en este espacio,

   Es sagrado y está libre del mal,

   Que as sea".

9. Espolvorea la sal alrededor del círculo y séllalo contra la energía negativa. Reza tus cánticos favoritos y pide a tus espíritus preferidos que se unan a ti.

Tu círculo ya está formado. Este es tu espacio mágico ritual, y se puede utilizar para llamar al universo para hacer tu vida más eficaz y exitosa.

Consejos para la magia ritual

Hay muchos rituales que puedes realizar en tu espacio sagrado, y debes elegir los que se adapten a tus necesidades. Las principales cosas que hay que recordar sobre la magia ritual o ceremonial son:

1. Mantente a salvo. Crea un espacio sagrado que sea fuerte y puro y que mantenga alejadas las energías negativas y los espíritus que no estén totalmente en tu onda.

2. Utiliza herramientas para ayudar a que tus intenciones mágicas sean más pronunciadas. En la siguiente lista encontrarás una guía rápida de herramientas mágicas.

3. Utiliza la astrología para reforzar tus hechizos y rituales. Ya hemos hablado de la magia lunar, pero también puedes utilizar tu signo del zodiaco para ayudarte a trabajar cuando sea más efectivo. Los astros te ayudarán a encontrar tus momentos más poderosos del año y a saber cuándo realizar determinados hechizos.

4. Utiliza tus herramientas de adivinación, como el tarot y las runas, como parte de tu ritual mágico. Pueden mostrarte formas alternativas de elaborar tus hechizos.

5. Considera la ética y la moralidad de tu magia. ¿Eres fiel a tus principios básicos? Nunca hagas magia que vaya en contra de tu moral y tus creencias, aunque parezca ventajoso hacerlo. Tus intenciones deben ser siempre verdaderas y estar libres de influencias emocionales negativas.

Herramientas mágicas y cómo utilizarlas

- **El Athame** - Una daga mágica que representa el elemento aire y la agudeza de la mente. Úsala para lanzar tus círculos y dirigir la energía en tus hechizos y rituales.
- **Una copa** - Una copa ritual sólo debe utilizarse con fines mágicos. Nunca la utilices para beber café u otros líquidos normales. La copa representa el elemento agua y se utiliza para compartir libaciones u ofrecerlas a las deidades y espíritus. Representa el aliento de tu inconsciente y los vínculos emocionales con la magia.
- **Una varita** - Tradicionalmente hecha de madera o metal, una varita es una extensión del usuario y representa la voluntad de la persona que la empuña. Utilízala para dirigir la energía y aumentar la concentración.
- **Lámpara** - Algunos practicantes prefieren utilizar una lámpara para los hechizos en lugar de velas o fuego, ya que son un peligro. Una lámpara representa el elemento del espíritu y la divinidad que todos llevamos dentro. También se utiliza para atraer el poder del Santo Ángel de la Guarda a tu trabajo.
- **La escoba** - Se trata de una escoba fabricada normalmente con materiales naturales unidos por hebras de sauce. Se pueden comprar en tiendas, pero las escobas más eficaces se hacen a mano. Utiliza tu madera favorita y crea una escoba para barrer y limpiar tu espacio sagrado.
- **El Pentáculo** - No confundir con el pentagrama, que es la figura de cinco lados utilizada en el Ritual Menor de Destierro del Pentagrama. Un pentáculo es una pieza plana de madera, metal, arcilla o cera decorada con símbolos mágicos. Una vez más, puedes comprar pentáculos muy decorativos en tiendas mágicas y recursos en línea, pero los más eficaces son los que creas tú mismo. El pentáculo sirve de base para tus otras herramientas mágicas y aporta un significado adicional a tu trabajo.
- **Túnicas** - La ropa que lleves puede marcar una gran diferencia en tu oficio de bruja. Al igual que en la vida cotidiana, la preparación para tus rituales y conjuros debe ser minuciosa y hacerse con intención. Si vas a tu trabajo habitual, vístete

apropiadamente con ropa adecuada y apta para tu propósito. El mismo principio funciona para la magia. Vístete con túnicas holgadas y cómodas, pero haz que la ocasión sea especial con determinados colores o estilos de túnica. Tu ropa te ayuda a ponerte en el estado mental perfecto para tu trabajo y centra tu atención.

Capítulo extra:
El glosario de las Hierbas

La brujería consiste en utilizar productos naturales para crear pociones y hechizos mágicos, pero saber qué aporta cada ingrediente es importante. Esta lista te ofrece conocimientos básicos que puedes ir ampliando y te ayuda a crear un glosario de hierbas que te ayudará con cualquier hechizo que pruebes.

Pimienta de Jamaica - Aporta dinero, prosperidad y suerte a tu magia. También ayuda a la digestión y puede utilizarse como anestésico general.

Albahaca - Éxito en los negocios y el dinero. Aporta energía tranquila y vibraciones pacíficas a tus hechicería. Añadida a la cocina, también puede curar las flatulencias.

Hojas de laurel - Utilizadas en hechizos de destierro y exorcismos, aportan fidelidad y amor a los hechizos para relaciones y fortalecen la magia de los deseos. Úsalo para obtener energías más fuertes, en hechizos para crear suerte, amor y pasión.

Cayena - Acelera los hechizos y aporta fuerza extra a la magia. Ayuda a superar el dolor, las pérdidas, así como también en las separaciones.

Clavo - Detiene las habladurías y ayuda a la protección.

Eneldo - Suerte, dinero, prosperidad y protección.

Hinojo - Aumenta la fuerza mental, ayuda a perder peso y aporta fortaleza y fuerza.

Ajo - Hace que otros ingredientes sean más eficaces, protege contra los vampiros psíquicos y repele el mal.

Jengibre - Curativo, calma la energía y crea nuevas oportunidades, y fortalece la determinación.

Mejorana - Aumenta la energía en la magia ancestral, las conexiones con los animales, y ayuda a los sueños lúcidos, y es calmante.

Mandrágora - Hierba mágica legendaria para la magia del amor, la pasión, los problemas de pareja, la protección y las maldiciones

Mejorana - Protección. Ayuda a los matrimonios a encontrar puntos intermedios, calma la mente, alivia el dolor y ayuda a aceptar la muerte.

Raíz de malvavisco - Amuletos y dijes de amor, aumenta los poderes psíquicos, protección, atracción de espíritus positivos.

Reina de los prados - La flor sagrada de la primavera, ayuda a cualquier nuevo emprendimiento y ayuda al renacimiento emocional.

Muérdago - Hechizos de buena suerte, amor y dinero, que atraen a posibles compañeros de vida.

Artemisa - Espejismo en superficies reflectivas y en agua, adivinación, capacidad psíquica, viaje astral, favorece los sueños lúcidos, magia lunar.

Gordolobo - Protección, iluminación, salud mental clara, valentía y coraje, cruce de setos, magia de las Arpías.

Ortiga - Coraje, sacralización de hechizos, protección, curación, alejamiento del mal.

Nuez moscada - Trae suerte, prosperidad y éxito financiero.

Flores de cebolla - Quémelas para desterrar los malos hábitos y las influencias negativas. Utiliza cebollas crudas para proteger tu hogar y mantener alejados a los malos espíritus.

Cáscara de Naranja - Eleva las vibraciones y centra la hierba solar de la alegría, las bendiciones, el amor y la buena suerte.

Raíz de Orris - Amuletos y encantos para el amor, aumenta el poder de persuasión, aumenta la popularidad, el carisma y el éxito.

Pachulí - Amor y magia sexual, atracción, fertilidad, ritos de paso y dejar atrás la adolescencia.

Menta poleo - Paz, aumenta la fuerza mental y física, paciencia, elimina la ira, protección.

Menta - Curación mental, purificación general, conciencia psíquica, amor y pasión.

Pino - Persistencia. Aumenta la modestia, la prosperidad, la salud financiera y la buena salud.

Membrillo - Buena suerte, felicidad, protección. Lleva semillas de membrillo en una bolsa roja para mantenerte a salvo de los ataques.

Hoja de frambuesa - Amor y romance, tentación, adivinación.

Sándalo rojo - Se utiliza en incienso para la meditación, la curación y para inducir el trance.

Rosa - Se utiliza en amuletos de amor y belleza, armonía y adivinación; aumenta la confianza en uno mismo.

Romero - Limpieza, purificación y espiritualidad, vitalidad y energía, sabiduría y conocimiento, protección.

Rowan - Protección, conexiones psíquicas mejoradas.

Ruda - Protección, exorcismo, purificación, amuletos pasionales y amuletos protectores.

Raíz del Sello de Salomón - Protección completa contra el mal y la energía negativa.

Menta verde - Amor y pasión, fuerza psíquica, limpieza, renacimiento, protección de bienes y pertenencias.

Anís estrellado - Adivinación, buena fortuna, sueños psíquicos, amuletos de viaje, viajes astrales.

Tomillo - Belleza interior, fuerza, coraje, hierba favorita de los espíritus.

Valeriana - Protección, eliminar hechizos enemigos, disipar negatividad, magia egipcia.

Verbena - Hierba del Viejo Mundo de la sabiduría, el conocimiento, la curación y la profecía.

Salvia blanca - Limpieza, protección de la casa, trabajo de trance, curación y claridad mental.

Corteza de sauce blanco - Paz, sabiduría, conocimiento, atraer el amor duradero, adivinación, magia lunar.

Lechuga silvestre - Induce visiones, trance, magia onírica, viajes astrales y mejora los patrones de sueño.

Hamamelis - Confort y curación, sabiduría, protección, consuelo y manejo del dolor, disipa la ira y la negatividad.

Asperilla - Éxito y logros. Pon asperilla en tu zapato izquierdo y tu equipo ganará.

Ajenjo - Induce visión psíquica, conexiones con el mundo de los espíritus, refuerza maleficios y maldiciones, y elimina cualquier hechizo negativo que se haya lanzado contra ti.

Milenrama - Antigua flor medicinal utilizada para el valor, la adivinación y la buena fortuna.

Conclusión

¡Qué viaje tan alocado! Afortunadamente, ya estás preparada para tu nuevo viaje mágico y esperas con impaciencia tu futuro. Tienes los conocimientos, la experiencia y la intención, así que todo lo que necesitas ahora es dar el primer paso. Forma parte de este nuevo mundo lleno de positividad y amor. Siéntete segura y feliz con tus hechizos, y pronto estarás lista para compartir tus nuevas pasiones con otros miembros de la comunidad mágica. Hay muchas razones para participar, así que no esperes ni un minuto más. Buena suerte, aunque no la necesites, y disfruta de tus experiencias.

Segunda Parte: Sahumerios

La guía definitiva para la limpieza espiritual, la protección psíquica y la limpieza energética

Introducción

Cuando alguien menciona "sahumar su casa", ¿qué pensamientos le vienen a la mente? ¿Se siente un poco intimidado? Tal vez suene complicado, sucio o raro. Aunque en los últimos años se ha popularizado, muchas personas siguen sintiéndose abrumadas por la idea de purificar su hogar. Es comprensible que se muestren escépticos o inseguros, pensando que puede implicar mucho humo y extraños rituales religiosos. A algunos incluso les parece un proceso demasiado complejo. A veces, incluso con la intención y el entusiasmo de hacerlo, la gente se rinde ante el primer obstáculo: ¡encontrar un bastoncillo que comprar!

Como con cualquier cosa nueva, es útil comprender los beneficios del proceso que se está considerando. ¿Por qué hay que sahumar la casa? ¿Es realmente necesario? ¿Puede ser sencillo y agradable? ¿Existen formas alternativas de limpiar la energía de su hogar? ¿Y qué hace que la limpieza sea tan especial? Piense en un ritual como el de las citas, por ejemplo. Cuantas más preguntas se haga, antes sabrá si merece la pena invertir en esta relación. La palabra "relación" se utiliza en el sentido de que entrar en el mundo del sahumerio significa, idealmente, entrar en una hermosa conexión a largo plazo. Como en cualquier relación, tendrá que pasar por muchas etapas para llegar a un lugar de profunda intimidad y compromiso.

En este libro, obtendrá la respuesta a todas sus preguntas y aprenderá varias formas de limpiar, incluidas algunas técnicas muy sencillas de las que podrá disfrutar más de una vez al día. La energía de su hogar puede cambiar después de un largo día, trayendo consigo energías ajetreadas, agitadas y, a veces, negativas del exterior. En tales situaciones, una sesión rápida de dos o tres minutos de purificación puede hacer maravillas para calmar y purificar el espacio y limpiar su energía. Lo bueno de la limpieza es que puede ser tan sencilla y rápida como elaborada e intrincada. Una vez que comprenda los conceptos básicos y explore los complementos opcionales, se sentirá más capacitado para crear sus propios rituales que se adapten a su situación.

El sahumerio puede ser una experiencia fácil, centrada, agradable y enraizadora. Sin embargo, notará, por encima de todo, la capacidad de limpiar la energía de su espacio. Cuando haya terminado de leer este libro, se sentirá seguro, capacitado y listo para hacerse cargo de la energía de su hogar (y de su vida) a través del sahumerio. Estará emocionado y entusiasmado por crear un nuevo nivel de energía positiva en su propio espacio.

Capítulo 1: El poder de la limpieza

El sahumerio es una antigua forma de limpieza que se aplica a una persona, un objeto o un espacio mediante el humo de hierbas quemadas. Las hierbas pueden ser cualquiera de las siguientes: Salvia seca, hierba dulce, lavanda, cedro, romero y otras plantas con propiedades beneficiosas. El sahumerio (o limpieza con humo) purifica la energía del objeto o la persona en cuestión. Desde la antigüedad, las diferentes culturas han tenido sus propias tradiciones para hacer esta limpieza. Estas tradiciones solían incluir oraciones, meditaciones u otros rituales. Por ejemplo, en algunas culturas nativas

El sahumerio purifica la energía del objeto o la persona en cuestión "

americanas, la hierba dulce se quema durante una elaborada ceremonia destinada a liberar la energía positiva de la planta sagrada en el aire. Sea cual sea el motivo por el que desee limpiar espiritualmente una zona, un objeto o una persona, este capítulo le introducirá en la práctica de la limpieza con sahumerio, explorará sus antecedentes, explicará cómo funciona y analizará sus beneficios.

¿Cómo funciona?

La práctica del sahumerio es relativamente sencilla; solo tiene unos pocos principios fundamentales:

- La práctica se basa en establecer una intención. Por ejemplo, usted tiene la intención de limpiar su espacio de energía negativa o de atraer energía positiva a su hogar.

- Una vez fijada su intención, encienda la hierba y déjela envuelta en llamas hasta que empiece a humear. Hágalo siempre teniendo en cuenta los factores de seguridad. A continuación, esparza el humo alrededor del cuerpo de una persona, un espacio o un objeto con la mano o con una pluma. Si purifica su cuerpo, empiece por los pies y suba hasta la cabeza.

- Si se purifica un espacio o un objeto, las ventanas deben estar abiertas, o se puede realizar el ritual al aire libre.

- Durante la limpieza, imagine la manifestación de su intención, verá que la energía negativa le abandona y que las vibraciones positivas le rodean a usted, al objeto o al espacio en cuestión.

- Una vez que se haya limpiado a sí mismo, el objeto o el espacio, apague la hierba de forma segura y agradézcale su servicio.

- A algunos practicantes les gusta terminar su ritual de limpieza con una oración o mantra final. Puede recitarlo cuando sienta negatividad a su alrededor, cuando la persona u objeto que quería purificar se haya marchado o cuando haya terminado de limpiar un espacio.

- Tanto si realiza la parte de cierre como si no, se recomienda que repita su intención antes de cerrar la ceremonia.

- La ausencia de negatividad y los cambios positivos en la persona, el objeto o el entorno son indicadores de la eficacia de la purificación.

- La frecuencia de la purificación depende de la práctica: Puede repetirla una vez al año, durante las festividades o con la frecuencia que se considere necesaria para alejar la negatividad.

La purificación en distintas culturas

El sahumerio, o quema de hierbas para purificar la energía de un espacio, ha resurgido con fuerza en los últimos años, a medida que más y más gente explora estilos de vida alternativos. Sus orígenes se remontan a antiguas civilizaciones y se asocia desde hace tiempo a las culturas indígenas y nativas americanas. En las culturas nativas americanas, el ritual del sahumerio consiste en utilizar un manojo de salvia, hierba dulce, cedro, tabaco u otras hierbas secas y unidas en un instrumento de purificación de combustión lenta. A veces se colocan hojas o ramas enteras en un recipiente ignífugo y se encienden hasta que empiezan a humear, y el humo se utiliza entonces para limpiar de energía negativa la zona o la persona. Una persona que limpia con humo a una o más personas puede dirigir el ritual en lugar de depender de un practicante habitual. O bien soplan el humo hacia el receptor o el espacio, o bien el receptor inhala el humo. Según las creencias de los nativos americanos, inhalar el humo de las hierbas cura todo el ser de una persona. Cuando las plantas se queman, sus cenizas se devuelven a su origen, normalmente esparciéndolas sobre la tierra desnuda. Se cree que las cenizas absorben la energía negativa, por lo que desecharlas ayuda a deshacerse de esa negatividad. También se utiliza durante la oración o la meditación y para conectar con el mundo de los espíritus.

Los nativos americanos tienen distintas creencias sobre los beneficios de cada hierba utilizada en la purificación. Por ejemplo, alaban la hierba dulce por atraer vibraciones positivas y el cedro por facilitar las bendiciones y limpiar el cuerpo de enfermedades. La salvia, que según ellos puede alejar cualquier forma de negatividad, tiene un origen único. Según una leyenda de los nativos americanos, la hierba salvia apareció por primera vez hace mucho tiempo, cuando un pueblo estaba lleno de negatividad. Todos se sentían mal consigo mismos y con los demás, y todo parecía ir mal para todos. Un día, apareció un joven con un manojo de hierbas en los brazos. Presentó la hierba a los aldeanos como salvia, una planta que puede capacitar a cualquiera para manejar la negatividad. Encendió un fuego, prendió la salvia y enseñó a los aldeanos como hacerse un sahumerio. Los aldeanos empezaron a sentirse bien consigo mismos y a tener éxito en sus proyectos. El joven desapareció, pero los aldeanos se dieron cuenta de que la salvia había empezado a crecer en la zona. Así que empezaron a utilizarla regularmente para purificarse.

Durante siglos, los chamanes han creído que el sahumerio es una forma poderosa de limpiar la energía negativa y crear una sensación de equilibrio y armonía en cualquier espacio. A medida que el humo viaja por el aire, se cree que tiene el poder de limpiar un espacio de energías negativas a la vez que crea sentimientos positivos y eleva las vibraciones. En las tradiciones chamánicas, la purificación implica una oración o ritual, tras el cual el humo se envía a los cuatro puntos cardinales. Además, los distintos practicantes y tribus han diversificado los métodos y técnicas de la limpieza, incluyendo cuándo y cómo se utiliza. Los chamanes utilizan el sahumerio para la adivinación y la limpieza cuando se preparan para un rito o ceremonia. Los practicantes modernos también la utilizan para restablecer el equilibrio emocional, físico y mental, alejar la negatividad y mejorar sus prácticas chamánicas. También impregnan sus herramientas mágicas y espacios sagrados, a menudo antes y después de usarlos, para restablecer el equilibrio. Algunos incluso se limpian con humo a diario para mantener un estado de ser centrado, lo que les permite alcanzar un estado de trance para sus prácticas meditativas.

Los nativos americanos y los chamanes también recomendaban la limpieza con humo cuando alguien había estado en contacto con una persona enferma (física o mentalmente), desequilibrada emocionalmente o afectada por influencias negativas.

Beneficios de la depuración

Como verá en el texto siguiente, la depuración tiene numerosos beneficios para su bienestar físico, mental, espiritual y emocional.

Espiritual

Uno de los beneficios fundamentales de la limpieza con humo es su aspecto espiritual. Esto se debe a la creencia de que, cuando se practica en ceremonias sagradas, la limpieza con humo expulsa toda la energía negativa acumulada y atrae las intenciones positivas de la naturaleza, permitiéndole manifestar sus deseos más fácilmente. No en vano, en muchas culturas nativas e indígenas se utiliza para obtener conciencia espiritual y conexión con el yo superior. Además, al centrarse en cada hierba individual durante su ritual, podrá conectar con sus propiedades medicinales y obtener poderosos agentes curativos para problemas de salud física, emocional y mental. Una vez que llegue a la etapa de curación, tendrá aún más poder para alejar las vibraciones negativas que inducen al estrés.

El sahumerio puede ayudarle a curarse de influencias negativas de traumas pasados, personas malintencionadas de su entorno o malas experiencias en cualquier aspecto de su vida. El sentido del olfato está relacionado con el instinto y la memoria, por lo que el aroma de las hierbas impregnadas puede ayudarle a superar el estrés y los acontecimientos traumáticos. Al inhalar su relajante aroma, las hierbas le ayudarán a disipar el miedo, la ira, la ansiedad, el dolor y los desencadenantes que asocia con traumas pasados.

Restablecer el equilibrio energético tras estos acontecimientos fomenta una actitud positiva para la meditación y los rituales espirituales. No solo eso, sino que ciertas hierbas contienen compuestos bioactivos que, al inhalarse, mejoran la capacidad de fijar intenciones y la percepción. Tanto si lo utiliza para prácticas espirituales como para superarse a sí mismo, eliminar la negatividad de su entorno beneficiará a su bienestar espiritual.

Algunas hierbas están dotadas de capacidades protectoras. Sahumarlas puede ayudarle a protegerse de las fuerzas malignas y los ataques psíquicos durante el trabajo espiritual. Ayudan a ahuyentar los pensamientos negativos provocados por influencias externas y crean un escudo a su alrededor para repeler intrusiones similares en el futuro. Los efectos protectores del sahumerio también pueden ser útiles para tratar con personas difíciles o prepararse para afrontar situaciones especialmente complicadas.

La limpieza aumenta la creatividad en todos los aspectos de la vida. Sea cual sea el problema que intente resolver, purificarse con humo limpiador le ayudará a encontrar soluciones innovadoras. Puede aumentar su productividad inspirándole nuevas ideas. Si es usted un artista que experimenta un bloqueo creativo, las hierbas pueden revelar nuevas vías para que fluya su savia creativa.

Las propiedades limpiadoras y purificadoras de las hierbas que se queman al hacer la limpieza con sahumerio pueden abrir la intuición y animarle a confiar en sus instintos. Si cree que su juicio está nublado y esto bloquea su intuición, la práctica del sahumerio puede permitir que sus sentidos psíquicos internos se revelen. Al familiarizarse con sus dones psíquicos, agudizará su intuición y la mantendrá libre de ideas y creencias prejuiciosas o sesgadas.

Por último, la limpieza es buena para las prácticas espirituales porque fomenta el amor propio. Después de todo, no hay mejor manera de empezar a explorar y trabajar en su espiritualidad que aceptándose a sí mismo. Algunos creen que este beneficio proviene de la capacidad de las hierbas quemadas para abrir y desbloquear los chakras asociados con el amor propio y la aceptación.

Psicológico

Uno de los beneficios más destacados de la limpieza con humo es su capacidad para ayudar a reducir los niveles de estrés y ansiedad. Esto puede lograrse a través de los efectos calmantes de los aromas de las hierbas. La combustión de hierbas como la salvia o el cedro desprende un agradable aroma que favorece la calma y la relajación del cuerpo y la mente.

Algunas hierbas contienen fitoquímicos que estimulan los receptores y neurotransmisores antiexcitatorios del cerebro, lo que alivia eficazmente los síntomas de la ansiedad. Gracias a su capacidad para ahuyentar los sentimientos nocivos, las limpiezas con salvia pueden levantar el ánimo rápidamente. Realizar limpiezas regulares con salvia podría ayudarle a controlar sus síntomas si sufre depresión u otras afecciones relacionadas con el estado de ánimo.

Energético

El sahumerio favorece la claridad, aumenta la sensación de calma y paz, mejora los niveles de energía y fomenta el autoconocimiento. Este beneficio se debe a la capacidad de las hierbas para fomentar la presencia consciente durante los rituales. La influencia energética de las hierbas que se emplean en la depuración permite trabajar activamente con los cinco sentidos. Al potenciar su energía, ciertas hierbas quemadas también pueden fomentar el pensamiento claro y las reacciones rápidas, lo que facilita la captación de señales espirituales a través de los sentidos. Si la mejora de su estado de ánimo no le hace plantearse la posibilidad de probar la limpieza, la posibilidad de mejorar la claridad y la conciencia sin duda lo hará.

Cuando se siente con más energía, su mente es más aguda, lo que le permite pensar de forma más positiva y desarrollar patrones de pensamiento útiles y productivos. Esto demuestra que la energía positiva tiene una frecuencia vibratoria más alta. Además de hacerle sentir bien física, emocional y mentalmente, la limpieza también mejorará su función cognitiva. Esto podría ayudarle a combatir los efectos de enfermedades neurodegenerativas como el Alzheimer y la demencia. La razón radica en el efecto de las hierbas ahumadas sobre las hormonas. Muchas afecciones mentales y neurodegenerativas se desarrollan debido a la fatiga suprarrenal, un estado causado por el desequilibrio hormonal de las glándulas suprarrenales, que se produce durante el estrés. En una línea similar, la pérdida de neuronas de las personas sanas también puede provocar fatiga inducida por el estrés. Como resultado, puede sufrir alteraciones cognitivas, aunque no padezca una enfermedad neurodegenerativa o mental. Esto suele ocurrir debido a afecciones inflamatorias del organismo, que inevitablemente afectan al sistema nervioso. Ya vayan acompañadas de ansiedad, deterioro de las funciones cognitivas o cualquier otro síntoma, las afecciones que afectan a la salud cognitiva y mental pueden hacer que quien las padece sienta que es imposible alcanzar el alivio. El efecto energizante del sahumerio puede ahuyentar estos pensamientos negativos, capacitando a la persona para encontrar soluciones eficaces y, lo que es más importante, aliviar sus síntomas. Las dos hormonas más importantes liberadas por las glándulas suprarrenales, la norepinefrina y la epinefrina, deben estar en equilibrio para conseguirlo. El cortisol, la serotonina y la dopamina, más hormonas responsables del control de los niveles de energía, también se ven afectadas positivamente por el tizón. El humo de ciertas hierbas restablece el momento óptimo para la liberación de estas sustancias químicas.

Ciertas hierbas tienen un efecto beneficioso demostrado sobre su sistema de chakras, la compleja entidad que representa su energía. El sistema de chakras tiene siete puntos de acceso principales, conocidos como chakras. Los chakras son responsables del flujo saludable de energía a través de su cuerpo. Si alguno de ellos está bloqueado o no funciona correctamente, afecta a todo el sistema energético. Las hierbas asociadas a cada uno de los chakras (o a todos ellos) pueden ayudar a limpiarlos. A medida que desbloquea sus centros energéticos, limpia, protege y re-energiza su mente, cuerpo y alma. Por ejemplo, el romero puede abrir su chakra del corazón, permitiéndole desarrollar (auto) compasión y comprensión. Del mismo modo, la misma hierba puede desbloquear el chakra del tercer ojo, el centro energético responsable de la claridad espiritual y la conciencia psíquica.

Físico

Otra forma en que la limpieza puede aumentar su energía es mejorando la calidad de su sueño. Las influencias energéticas negativas a menudo le dejan noches sin dormir. O, incluso si consigue dormir unas horas, se siente más cansado al despertarse que antes de acostarse. El sahumerio antes de dormir puede alejar cualquier energía negativa que impida su sueño, permitiéndole sentirse con energía y productivo durante todo el día siguiente. Le ayudará a conciliar el sueño más rápidamente y le garantizará un sueño ininterrumpido, y si se despierta durante la noche, volverá a dormirse en lugar de estar atormentado por las preocupaciones del día siguiente.

Además de normalizar los patrones de sueño, el humo de la depuración también puede ayudar a mejorar la piel y estimular el funcionamiento de muchos órganos y sistemas orgánicos, como el respiratorio, el gastrointestinal y el circulatorio. Los efectos purificadores del humo hacen que la piel esté expuesta a menos contaminantes, lo que permite que se cure y regenere. Gracias a sus beneficios para estimular el sueño y la energía, el sahumerio hará que su piel luzca radiante y rejuvenecida. Asimismo, el aire puro mejorará su función pulmonar y combatirá los síntomas de afecciones respiratorias crónicas y agudas.

Algunas hierbas tienen propiedades analgésicas, lo que significa que pueden aliviar dolores de cabeza, acidez, dolores musculares y articulares. Los compuestos antiinflamatorios de hierbas como la salvia, el romero y otras acentúan aún más este beneficio.

Algunas hierbas también pueden reforzar la función inmunitaria, ayudándole a prevenir infecciones y a combatir las ya existentes. Fomentan la producción de células inmunitarias y mejoran la función de todas las partes del cuerpo responsables de una inmunidad sana, como la médula ósea, el bazo, el timo, el intestino y la piel.

Además, los efectos calmantes de las hierbas aromáticas pueden reducir la frecuencia cardiaca y la tensión arterial, lo que contribuye positivamente a la salud del corazón. Cuando se siente ansioso o estresado, la inhalación de humo de hierbas regula su patrón respiratorio, lo que le permite llevar más oxígeno a su cuerpo. Esto potencia aún más los efectos curativos de la depuración, ya que el oxígeno es necesario para neutralizar los radicales libres, subproductos del estrés oxidativo y precursores de muchas enfermedades físicas y mentales.

Medio ambiente

También se ha demostrado que la limpieza con humo tiene propiedades antisépticas. En otras palabras, el humo de las hierbas puede purificar eficazmente el aire de cualquier habitación que contenga virus, hongos o bacterias que puedan causar problemas respiratorios comunes o enfermedades como el asma, los resfriados y la gripe. Además de los microorganismos mencionados y sus subproductos, las hierbas utilizadas en la limpieza con humo pueden eliminar posibles alérgenos como el polvo, el polen, las esporas de moho y la caspa de las mascotas, aliviando así los insufribles síntomas de la alergia. Por ello, la limpieza con humo es ideal para desinfectar espacios interiores sin utilizar productos químicos nocivos ni aerosoles.

El aire limpio es conocido por mejorar los niveles de concentración de oxígeno, lo que hace que la atmósfera sea perfecta para estudiar o trabajar en tareas que requieran una concentración intensa y una mayor capacidad de atención. Algunas hierbas, como la salvia, también son conocidas por sus propiedades repelentes de insectos. Admitámoslo, ¿quién no querría aprovechar esto durante el verano, cuando los mosquitos le hacen la vida imposible?

Debido al agradable aroma calmante de las hierbas quemadas, el sahumerio también puede considerarse una forma de aromaterapia. La inhalación de fragancias herbales calmantes fomenta la modulación de los neurotransmisores en el cerebro. Los neurotransmisores son sustancias químicas necesarias para transportar y procesar la información a través del sistema nervioso. En otras palabras, la depuración permite que el sistema nervioso reciba, procese y transmita la información de forma más eficaz.

Otra razón por la que la limpieza con ciertas hierbas purifica el espacio es que el humo neutraliza *los iones positivos* (no confundir con las vibraciones positivas, que también son beneficiosas). Los iones positivos son partículas que inmovilizan la energía, impidiendo que se pueda aprovechar o manipular. La acumulación de iones positivos en el aire se fomenta cuando está enojado o estresado. Primero, el aire cargado positivamente que emana de sus pulmones impregna la energía de la habitación. Entonces, el aire de la habitación se estanca debido a la cantidad predominante de iones positivos. Al cabo de un rato, empieza a sentirse aletargado y parece que no puede abrazar la positividad por mucho que lo intente. Las hierbas utilizadas en la limpieza con humo pueden convertir los iones positivos en negativos, purgando eficazmente la atmósfera de estos últimos.

Los beneficios de la limpieza del espacio que aporta el sahumerio pueden ser muy útiles cuando se muda a un nuevo hogar o cuando la negatividad ha habitado durante mucho tiempo en su casa u oficina. Por ejemplo, si ha tenido una relación abusiva o perturbadora con una persona difícil con la que vivía, y esta se ha mudado de su espacio compartido, limpiar con sahumerio la propiedad podría garantizar que toda la negatividad que invitó a entrar en ella se vaya también.

La limpieza con humo también puede ser una forma eficaz de purificar objetos. Si trabaja con herramientas mágicas o espirituales, limpiarlas con regularidad puede aumentar significativamente su poder y eficacia. Incluso la limpieza de objetos cotidianos tiene efectos beneficiosos sobre la composición energética de su entorno. Esto es especialmente cierto en el caso de los objetos antiguos, que probablemente han acumulado una plétora de energías diferentes a lo largo de su vida. Basta con pasar una varilla encendida sobre ellos para asegurarse de que su aura no puede afectarle negativamente a usted, a su espacio o a los que le rodean.

Otra idea magnífica para limpiar objetos es utilizar humo de hierbas en los regalos que vaya a hacer. Al impregnar sus regalos con un relajante aroma a hierbas, estará transmitiendo sus beneficios a los destinatarios, permitiéndoles llenar su espacio y su persona de positividad.

Consideraciones éticas sobre la práctica del sahumerio

Los practicantes modernos de chamanismo espiritual y de la nueva era suelen alardear de que el sahumerio es una práctica cerrada, indicando que es mejor que la utilicen quienes entienden sus orígenes culturales. Aunque actuar de forma contraria a esto implicaría que la práctica se ha convertido en un ejemplo de apropiación cultural (cuando una cultura toma elementos de otra sin permiso ni comprensión del contexto original), hay mucho más en este tema. No obstante, para utilizar la técnica del "sahumerio" de forma respetuosa, hay que acercarse a esta práctica con mayor sensibilidad, respeto y comprensión.

Cada vez son más los no nativos (incluidas celebridades influyentes) que exhiben el uso de esta práctica para sus propias exploraciones espirituales sin comprender plenamente su historia y significado cultural. La limpieza con humo puede considerarse inapropiada si se realiza sin un respeto cortés por la tradición. Dicho esto, es crucial señalar que no todo el mundo practica la limpieza con humo de esta manera por falta de respeto. Simplemente, ven su beneficio espiritual. Sin embargo, aunque se tengan las mejores intenciones, se puede causar daño si no se respetan debidamente las tradiciones que rodean la práctica. Cuando se practica la purificación, es fundamental dedicar tiempo a investigar su historia y comprender su significado en los contextos originales. Esto ayuda a evitar que la práctica se convierta en apropiación cultural.

La apropiación cultural suele implicar la adopción de símbolos de otras culturas o el intento de hacer pasar prácticas tradicionales por propias. Esto ocurre porque muchas personas aprenden sobre la limpieza a través de libros, programas de televisión y películas no basados en la investigación, en lugar de obtener información de fuentes tradicionales. En consecuencia, no llegan a conocer su significado e implicaciones espirituales.

Otro factor a tener en cuenta es el uso respetuoso de las plantas sagradas y el abastecimiento responsable de materiales. Ambos son fundamentales para promover el uso sostenible y responsable de las hierbas y honrar las tradiciones culturales y espirituales de las comunidades indígenas y nativas americanas. La mejor manera de abastecerse éticamente es utilizar las hierbas que crecen en su zona. Infórmese sobre las plantas que crecen cerca de usted y los beneficios que pueden aportarle para la limpieza espiritual.

Capítulo 2: Identificación de la energía negativa

Como ya se habrá dado cuenta, la limpieza consiste en alejar la energía negativa de un lugar o de un ser vivo y dejar espacio para que entre la energía positiva. Pero antes de poder hacerlo, tiene que estar seguro de que la energía contenida en el objeto es negativa. ¿Cómo puede señalar que alguien o algo está rodeado de energía negativa? Es fácil hacer la identificación una vez que se le coge el truco al proceso. Para facilitar aún más la comprensión de los intrigantes detalles del método, he aquí los fundamentos de la detección y el reconocimiento de la energía en sí.

La limpieza consiste en alejar la energía negativa de un espacio o de un ser vivo y dejar espacio para que entre la energía positiva[46]

¿Qué es la energía?

En física, la energía no es más que una fuerza que puede ejercerse para realizar un trabajo. Pero la misma física también ha dado a la humanidad la relación directa entre materia y energía. ¿Recuerda la famosa ecuación de Albert Einstein, $E=mc^2$ ("E" es energía, y "m" significa masa o materia)? Así pues, la energía no es solo una entidad abstracta e invisible que otorga fuerza a los objetos. Es algo muy real que se puede sentir a nuestro alrededor.

La energía estaba presente antes del nacimiento del universo y seguirá estándolo mucho después de que el mundo desaparezca. En estado bruto, es pura, poderosa y lo abarca todo. No se puede ver ni sentir si no se sabe lo que se busca. Las distintas formas de energía vibran a frecuencias diferentes. Y la forma más importante de energía son los pensamientos. También vibran a frecuencias diferentes.

¿Qué es la vibración y el movimiento de la energía?

La vibración de la energía se rige por la ley de la vibración. Esta afirma que todas las formas de energía vibran constantemente. Ninguna energía está nunca en reposo, porque si lo está, ya no es energía, sino un vacío de la nada, una especie de hueco. La frecuencia de vibración determina el tipo de energía que es.

Las frecuencias que son similares tienden a resonar entre sí, fusionándose para formar un tipo mayor de esa energía. Viajan por el universo y siguen fusionándose con energías que vibran en su misma frecuencia, acumulándose y creciendo sin cesar. Este concepto es más fácil de entender con un cuerpo energético en lugar de un cuerpo físico.

El cuerpo energético y su significado

Un cuerpo energético (también llamado cuerpo astral) no es más que un cuerpo físico visto en forma de energía pura. Es como ver su cuerpo en un espectro diferente, como el infrarrojo. Se dice que su cuerpo energético es alrededor de cinco pulgadas más grande que su cuerpo físico. Está formado por varios centros energéticos (chakras) y canales de energía (meridianos). Los chakras garantizan el funcionamiento saludable del cuerpo físico, mientras que los meridianos se encargan de hacer circular la energía absorbida por todo el cuerpo.

En el cuerpo energético, sus pensamientos son fragmentos visibles de su mente, y puede sentir la frecuencia de su vibración. Cuando piensa en algo por primera vez, se genera un fragmento de ese pensamiento en su cuerpo energético. Su mente envía al universo la frecuencia de las vibraciones de ese pensamiento. Pero para manifestar ese pensamiento en algo real y visible en el sentido físico, necesita establecer una armonía energética.

¿Qué es la armonía energética?

En palabras sencillas, la armonía energética es un equilibrio entre diferentes tipos de energía. Tomemos como ejemplo la armonía musical. Al igual que diferentes notas, tempos, tonos, etc., se tocan en perfecta sincronía para formar una armonía musical, diferentes tipos y frecuencias de energía se unen para dar lugar a una armonía energética.

Esta fantástica música del universo puede ser profundamente relajante o locamente caótica. Todo depende de las teclas que toque para lograr esa armonía. Estas teclas no son más que sus pensamientos. Si toca las teclas correctas (léase: tiene pensamientos positivos), como pensar en animar a sus vecinos o en donar un porcentaje de su sueldo a obras benéficas, las vibraciones generadas resonarán con otras vibraciones similares en el universo, produciendo una armonía energética increíblemente positiva.

Por otro lado, si toca las teclas equivocadas (léase: tiene pensamientos negativos), como sentir celos del éxito de su amigo o planear vengarse de un enemigo, entonces esas vibraciones se fusionarán únicamente con otras vibraciones similares, dando lugar a una cacofonía de armonía energética negativa (léase: caos absoluto).

Así es como se ve y se siente la energía negativa, y es lo que se identificará en este capítulo. Pero antes de llegar al proceso de identificación de esa energía, es importante comprender en profundidad el concepto de energía negativa.

¿Qué es la energía negativa?

En su forma pura, la energía no es ni positiva ni negativa. Simplemente es. Sus pensamientos hacen que la energía se incline hacia los extremos polares. Los malos pensamientos generarán energía negativa en un espacio o en un individuo. Siempre empieza siendo pequeña. En las etapas iniciales, una parte infinitesimal de su entorno se convertirá en energía negativa.

Esta parte atraerá otras energías negativas similares del universo, creciendo en proporción con las múltiples fusiones hasta que finalmente ocupe todo el espacio, expulsando a las energías neutras y positivas. Es entonces cuando entra en escena la limpieza para dejar espacio a la positividad. La energía neutra puede convertirse en negativa a partir de tres posibles fuentes.

1. **El yo negativo**

   ¿Tiende a pensar en sus arrepentimientos en lugar de pensar en un futuro prometedor? ¿Los celos le corroen por dentro? ¿Odia a la gente más de lo que siente amor por ella? ¿Su mente suele estar ocupada con pensamientos negativos? Si ha respondido afirmativamente a una sola de estas preguntas, entonces tiene energía negativa en su interior y a su alrededor.

   Puede ser simplemente una pequeña mancha oscura en su cuerpo energético o un aura radiante de negatividad. De cualquier manera, sus propios pensamientos oscuros dieron vida a la atmósfera rancia.

2. **Personas negativas**

   No siempre tiene que ser usted quien traiga la energía negativa a su cuerpo energético. No tiene por qué ser inherentemente negativo. La energía que proyectan las personas que le rodean también puede afectar a su aura. Supongamos que deja que la negatividad de su familia, amigos y conocidos influya en sus pensamientos. En ese caso, su energía negativa se fusiona con la de ellos y se expande en su entorno, sin dejar lugar a la positividad.

3. **Entornos negativos**

   Cuando entra en un espacio repleto de energía negativa, hay muchas posibilidades de que esta se filtre en su cuerpo energético positivo/neutral. Sucede que, a veces, cuando entra en una habitación, le invade inmediatamente una sensación de incomodidad. Lo más probable es que se deba a la energía negativa confinada en ella. Puede empezar a afectar a sus pensamientos, generando imágenes sombrías del pasado en su mente.

   Un entorno negativo de este tipo puede ser cualquier cosa. Podría ser un lugar en el que ha tenido un mal encuentro en el pasado, como un campo de deportes en el que perdió contra el rival. O podría ser un espacio que asocies con sucesos negativos, como un depósito de cadáveres.

En esencia, la energía negativa no es más que un conjunto de malos pensamientos. Cuanto mayor sea el número de malos pensamientos confinados en un espacio, más energía negativa contendrá. Y, a menudo, no es fácilmente reconocible hasta que es demasiado tarde, cuando la negatividad consume por completo su alma. Puede compararse con el cáncer, curable cuando se detecta en las primeras fases, pero mortal si se diagnostica tarde.

Pero no hay por qué preocuparse. Aquí aprenderá todo lo que hay que saber para identificar la energía negativa en sus formas más simples e infinitesimales, de modo que pueda detectarla a tiempo y limpiar el lugar antes de que la negatividad se extienda sin control.

Cómo identificar la energía negativa

Ahora que sabe qué es la energía negativa y cómo se ve y se siente, identificarla no será un gran problema. Puede que al principio le resulte difícil, pero una vez que se acostumbre al proceso, se convertirá en algo natural para usted. Es como aprender a montar en bicicleta. Puede que al principio se caiga unas cuantas veces, pero al final lo hará bien. Solo tiene que estar atento a las señales.

¿En qué hay que fijarse para identificar la energía negativa?

La línea entre lo correcto y lo incorrecto, lo bueno y lo malo, lo positivo y lo negativo, a veces es borrosa. Puede pasar por alto algo que comúnmente se considera incorrecto, pero que puede ser bueno para usted. Estas cosas aparentemente buenas pueden acabar desembocando en algo decididamente malo, como una broma inocente que sale mal. Por lo tanto, es mejor evitar las zonas grises y centrarse en la negatividad definitiva mientras se identifica la energía negativa. Esto es lo que puede buscar.

- Problemas de salud incesantes en usted y en las personas que le rodean.
- Discusiones repetidas y malas vibraciones entre dos o más individuos.
- Problemas laborales irresolubles que se siguen acumulando.
- Falta general de éxito.
- Una sensación general de letargo.
- Pérdida de conciencia frecuente y a horas intempestivas.

- Una sensación constante de malestar y/o ansiedad.
- Falta de sueño continúa, al menos durante una semana.
- Sucesos inusuales en el lugar que no pueden explicarse racionalmente.

Como puede ver, el único punto que no es intrínsecamente negativo es el último. Esos sucesos inusuales también pueden conducir a algo bueno. Pero siempre es mejor prevenir que curar. Y, de todos modos, la purificación solo elimina la energía negativa de un lugar y mantiene la positividad. Por lo tanto, si los sucesos racionalmente inexplicables conducen a algo positivo, su origen no se eliminará mediante los sahumerios.

Puede identificar la energía negativa utilizando uno o los tres medios: Las personas, usted mismo o el entorno. Haga las siguientes preguntas para determinar la presencia de energía negativa.

- **Identificación a través de las personas**

  ¿Existe una sensación general de animosidad entre las personas? ¿Están a menudo nerviosas? ¿Se producen discusiones a raíz del más mínimo desacuerdo? ¿Están a menudo enfermos de gripe? ¿Alguien sufre casi siempre algún problema de salud cada segundo de cada día? ¿Nadie ha tenido éxito en sus empresas a pesar de trabajar duro? ¿Nadie parece reunir las fuerzas para trabajar duro?

- **Identificación a través de sí mismo**

  Esta es probablemente la forma más fácil de identificar la energía negativa. Al fin y al cabo, usted se conoce mejor a sí mismo que a los demás. ¿A menudo tiende a perder la concentración en la tarea que está realizando? ¿Su mente se queda en blanco durante largos periodos (estado cero de pensamiento)? ¿Tiende a pensar más en cosas negativas que en cosas positivas? ¿Sufre a menudo diversos tipos de problemas de salud, uno tras otro, como fiebre una semana seguida de estreñimiento la siguiente, y así sucesivamente? ¿Sufre el mismo problema de salud durante mucho más tiempo de lo habitual?

  ¿Su mente está ocupada con pensamientos positivos o negativos mientras intenta dormir? ¿Es usted a menudo tan crítico con algo que tiende a perder de vista sus virtudes? ¿Se queja por las cosas más insignificantes? ¿Piensa y analiza demasiado sus errores en lugar de centrarse en las partes buenas o en las soluciones?

- **Identificación a través del entorno**

    Se trata más de un método comparativo que de un medio de identificación en sí mismo. Simplemente, hágase las preguntas anteriores en diferentes entornos. Por ejemplo, ¿está su mente ocupada con pensamientos negativos en casa? Entonces vaya a casa de su amigo y compruebe si esos pensamientos negativos siguen rondándole. Si no lo hacen, entonces es probable que la energía negativa exista en su casa. Pero si sí le persiguen, entonces hay una alta probabilidad de que la energía negativa esté dentro de usted.

    Por otro lado, ¿se encuentran sus compañeros en un estado constante de agitación en su lugar de trabajo? ¿Pero parecen felices y contentos cuando sales de copas? Entonces la energía negativa está presente en su lugar de trabajo. Sin embargo, si sus compañeros siguen agitados durante la salida nocturna, entonces es probable que la energía negativa esté presente en el grupo.

    Otra forma de determinar la existencia de energía negativa en el ambiente es dejarse llevar por los instintos. ¿Se siente incómodo de repente al entrar en una habitación? ¿Se le pone la piel de gallina cuando visita un lugar desconocido?

Es cierto que estas preguntas suelen ser difíciles de responder si acaba de iniciar su viaje de identificación, sobre todo las últimas. Es posible que al principio no reconozca correctamente la energía negativa, por lo que es. Pero debe saber que se trata de un proceso de ensayo y error. No pasa nada si sigue fallando al principio, pero en cuanto pueda identificar correctamente la presencia de energía negativa, raramente volverá a fallar.

Hay otra forma más fácil de identificar la energía negativa, y es analizando las emociones. La energía negativa produce emociones negativas. Por lo tanto, debe estar atento a la frecuencia de las siguientes emociones en usted o en otras personas de su entorno.

- **Enfado**

    ¿Las pequeñas cosas le enfadan a usted o a los demás? Digamos que se está preparando para ir a trabajar y su hermano pequeño ha extraviado su camisa favorita. ¿Su primer instinto es arremeter contra él en lugar de preguntarle tranquilamente?

- **Irritación**

    ¿Se irrita a menudo por las cosas más insignificantes? Por ejemplo, está intentando terminar su trabajo. De repente, alguien entra en su cubículo sin llamar. ¿Le molesta?

- **Depresión**

    Hoy en día, la depresión se ha convertido en una de las emociones negativas más frecuentes en el mundo, hasta el punto de que se considera una enfermedad. ¿Siente desesperanza absoluta? ¿Se ha apoderado de su corazón la tristeza? En una ocasión feliz, ¿se encuentra pensativo en un rincón?

- **Miedo**

    A veces, está bien sentir miedo, como sienten los aracnofóbicos cuando ven una araña, o cuando se presencia/experimenta algo horrible, o si se ve una película de terror. Pero si siente miedo casi todo el tiempo, puede ser el resultado de una energía negativa.

- **Ansiedad**

    La ansiedad y el miedo suelen ir de la mano. Cuando está ansioso por emprender una tarea, probablemente teme estropearla. ¿Le produce ansiedad algo tan sencillo como levantarse de la cama y empezar el día? ¿Se pone nervioso a menudo al hacer pequeñas cosas, como hablar con sus vecinos o ver las noticias?

- **Culpabilidad**

    Se siente culpable cuando hace algo que va en contra de su código moral. Y eso suele ser bueno porque mantiene su comportamiento bajo control. Pero cuando empieza a darle vueltas a esa culpa, tanto que le abruma, probablemente se deba a una energía negativa.

- **Envidia**

    Los sentimientos de envidia son bastante comunes entre los seres humanos. Si alguien se apropia de lo que es suyo, con razón o sin ella, es normal sentir un poco de envidia. Pero si esa emoción le consume, dará lugar a otras emociones negativas. Y acabará por rodearse de energía negativa.

- **Desprecio**

  Hay una línea muy fina que separa el orgullo del desprecio. ¿Se siente orgulloso de sus logros? Bien. ¿Pero despreciar a quienes no pueden lograr lo que usted hizo? Eso es desprecio, y es definitivamente una emoción negativa. Puede que esté impregnado de energía negativa si a menudo siente desprecio hacia los demás.

- **Odio**

  Dicen que sin odio no puede haber amor. Pero esto no significa que deba dejar que el odio gobierne o dicte sus acciones. ¿Tiende a odiar a la gente sin ton ni son? ¿Su primer instinto después de conocer a alguien nuevo es odiarlo? ¿Incluso las buenas acciones de sus semejantes generan odio en su corazón?

Estas son las emociones más comunes que puede utilizar fácilmente para identificar la energía negativa. Muchas otras emociones implican la presencia de energía negativa, como la vergüenza, la miseria, la soledad, el asco, etc., pero la gente no suele expresarlas. Incluso es posible que usted no se dé cuenta de su soledad a menos que alguien se lo indique.

En qué NO fijarse al identificar la energía negativa

Ahora que conoce las señales para identificar la energía negativa, es hora de aprender qué debe evitar teniendo en cuenta ese conocimiento. En raras ocasiones, es fácil confundir algo positivo con energía negativa. En otras ocasiones, es aún más fácil culpar a la energía negativa cuando está experimentando las consecuencias directas de sus acciones.

- **Negatividad pasajera**

  ¿Es la primera vez en mucho tiempo que se enfada con alguien? ¿Llevan sus colegas discutiendo solo un rato? ¿Sus problemas de salud no han durado más de uno o dos días? Puede que no sean casos de energía negativa. Cuando los problemas se enconan y siguen acumulándose durante varios días, solo entonces podrían ser motivo de preocupación.

- **Acciones equivocadas por razones correctas**

  Cuando observe que alguien muestra una emoción negativa, intente averiguar por qué se siente así. Puede ser que una persona esté enfadada porque ha visto que se ha cometido alguna injusticia. Puede que se sienta ansiosa porque quiere terminar la tarea a la perfección. Sus acciones o emociones pueden ser negativas, pero si sus razones para hacerlas/exhibirlas son positivas, entonces puede evitar la energía negativa.

- **Subjetivamente negativo**

    ¿Es realmente algo negativo lo que está observando, o es solo una instancia negativa para usted? Por ejemplo, comer carne. Puede que sea un vegano que cree firmemente que lo que está mal en el mundo son los no vegetarianos. Sin embargo, la mayor parte de la población mundial (más del 80%) consume carne y productos animales; por tanto, comer carne no es un rasgo negativo en el gran esquema de las cosas.

Para resumir las técnicas de identificación de la energía negativa, debe conocer siempre las señales que debe buscar y evitar. La energía negativa se genera a través de aflicciones, pensamientos, emociones o sucesos negativos. Puede señalar la presencia de energía negativa a través de tres medios diferentes, a saber, usted mismo, las personas que le rodean y su entorno. Recuerde que las emociones son la mejor forma y la más fácil de identificar la energía negativa en un lugar o en una persona.

Capítulo 3: Antes de empezar

Aunque el ritual de la purificación consiste en unos sencillos pasos y solo requiere unos pocos materiales, la eficacia de la técnica depende de algunos preparativos previos. Además de encontrar y organizar un espacio sagrado para llevar a cabo el proceso de purificación, también debe aclarar su mente, conectarse a tierra y establecer las intenciones en su espacio especial. Esto puede incluir la creación de un altar o simplemente preparar el espacio para la purificación con los suministros necesarios.

Crear un espacio sagrado es una parte esencial del proceso que no debe omitirse si desea que el proceso sea eficaz. Establecer las intenciones para la ceremonia también es un paso crucial, ya que ayuda a crear una atmósfera cargada de espiritualidad. Una vez hecho esto, se pronuncian las respectivas invocaciones y comienza el proceso de purificación.

Sin embargo, antes de conocer ese proceso, debe saber cómo preparar su espacio y *cuándo* realizar esta técnica. Este capítulo incluirá una guía sobre el trabajo preliminar necesario para los rituales de purificación, seguida de instrucciones sobre cuándo practicar estos rituales.

Creación de un altar

Un altar es un espacio designado para honrar a los espíritus, al universo y a otros seres divinos [46]

La purificación es un proceso profundamente espiritual y, como cualquier otro proceso divino, requiere un espacio sagrado donde pueda llevarse a cabo. Aquí es donde entra en juego un altar, que, en esencia, es un espacio destinado a honrar a los espíritus, el universo y otros seres divinos. Es un lugar donde se hacen ofrendas al mundo de los espíritus y se expresa gratitud por las bendiciones recibidas. Si tiene alguna experiencia con otras prácticas esotéricas, sabrá el significado que se suele dar a los altares.

Por otro lado, si acaba de iniciar su viaje espiritual, la idea de crear un altar puede parecer intimidante al principio. Sin embargo, es un proceso creativo que le ayuda a expresar su alma interior. De hecho, en un nivel subconsciente, cada vez que coloca hermosas piezas en su repisa, centro de mesa o estante, está creando esencialmente un altar. En este sentido, ya está creando pequeños altares en su hogar cada vez que agrupa objetos que ama.

Su altar puede ser genérico o específico para la intención de su ritual. Por ejemplo, si su intención es atraer una mejor salud o dar la bienvenida al amor, su altar debe estar decorado teniendo esto en cuenta. Puede que piense que los altares son solo espacios decorativos, pero son mucho más. Necesitan un movimiento energético regular y cuidados, así que cuando cree un altar, se convertirá en su responsabilidad cuidarlo a diario. La clave para crear los altares más llenos de energía es ser específico y consciente a la hora de configurarlo. Por ejemplo, si está creando un altar para la protección espiritual, debe decorarlo con cristales y otras herramientas espirituales asociadas a la protección y establecer las intenciones en consecuencia. Como resultado, su espacio sagrado desarrollará el poder necesario para completar sus objetivos.

Lo mejor de crear un altar es que no hay reglas específicas. Su altar es un espacio sagrado que le pertenece y debe ser una expresión de sus intenciones y energía. Esto significa que cuanto más empoderado esté mientras crea su altar, más poder se imbuirá en él. Si es un principiante absoluto, puede seguir una serie de pautas para que el proceso le resulte más fácil. Estos son algunos pasos que debería tener en cuenta:

1. **El área**

   Elija el área y la superficie del altar en un lugar donde no le molesten. No tiene por qué ser un espacio designado específicamente para el altar y puede ser tan sencillo como la mesilla de noche o el alféizar de la ventana. Incluso puede utilizar el espacio extra de su estantería como altar para la limpieza o crear uno en la repisa de la chimenea. Por supuesto, esto no significa que no pueda crear un espacio separado con una mesa preparada solo para este fin. Sea cual sea el lugar en el que decida instalar este escenario, debe tener en cuenta que la purificación produce humo que necesita un lugar por el que escapar. La habitación debe tener ventanas y puertas que permitan una buena ventilación. Recuerde mantenerlas abiertas cuando esté realizando el ritual de limpieza.

2. **El tema**

   Si tiene una intención particular para la que necesita realizar el proceso de sahumar, lo mejor es diseñar su altar de acuerdo con ese tema. Por ejemplo, puede necesitar más claridad en la vida o desear más energía o vitalidad. Puede que quiera expresar o atraer el amor y crear relaciones poderosas o practicar la gratitud por las bendiciones de su vida. Sea cual sea el caso, puede crear un altar diseñado específicamente con esa intención en mente. Los temas de altar más comunes son el amor, la gratitud y la conexión.

3. **Herramientas espirituales**

   Cuando realice la purificación, descubrirá que el espacio estará rodeado de mucha energía espiritual. Puede utilizar potenciadores de energía y otras herramientas espirituales para contener y mejorar esta energía cerca del altar. Por ejemplo, puede utilizar un trozo de tela o una bandeja como base de la energía. Sobre ella, puede colocar velas, cristales, flores, imágenes específicas, esculturas y cualquier objeto especial que encuentre en la naturaleza, como conchas marinas, piedras, etc. También querrá designar un espacio en su altar para guardar sus herramientas de purificación.

   Debe haber un espacio bello y tranquilo donde pueda colocar su palo de sahumerio o palo santo entre las sesiones de sahumerio. En este altar también se pueden colocar otras herramientas para la purificación. Por ejemplo, abanicos, plumas, conchas de abulón, etc. Cuando estas herramientas se guardan en el altar, se mantienen seguras y organizadas y acumulan el poder de su entorno. Los cristales suelen ser la opción más popular para montar un altar, ya que le ayudan a aprovechar la energía de sus herramientas para hacer vudú. Más información sobre los cristales en un capítulo posterior.

Establecer las intenciones

Todos los tipos de rituales de purificación siguen casi el mismo orden, que comienza con el establecimiento de las intenciones del proceso. Después de la intención, se invoca la energía espiritual y, a continuación, se lleva a cabo el proceso de limpieza. Establecer las intenciones para un proceso de purificación es uno de los pasos más esenciales. Sin una intención, todo tipo de energías son atraídas hacia su espacio, lo que usted quiere evitar a toda costa. Establecer intenciones no tiene por qué ser un proceso supercomplicado, en el que utilice numerosas herramientas o solo hable en tonos confusos y lenguaje florido. Puede ser tan simple como encender una vela y decir la intención que tiene para el proceso, como: *"Mi intención para este ritual es deshacerme de toda la energía negativa de mi dormitorio"*. Si conoce alguna oración o mantras, también puede utilizarlos para establecer las intenciones del ritual.

Tener una idea clara de su intención y expresarla al principio del ritual de sahumerio es el primer paso del proceso y no debe descuidarse. Es un acto fortalecedor de confianza, concentración y entrega. Así que, tómese unos momentos antes de cualquier ritual para aclarar su intención. Deje que el universo sepa qué energías quiere atraer a su vida.

Juntar las provisiones

El proceso de sahumar y purificar su energía es sorprendentemente sencillo. De hecho, solo necesita un bastoncillo, una vela, una pastilla de carbón y dos cuencos medianos (uno de ellos debe utilizarse para recoger las cenizas ardientes que caen del bastoncillo, mientras que el otro debe contener el bastoncillo una vez que haya terminado el ritual). Ambos deben ser ignífugos; en este caso, utilice cuencos de cerámica en lugar de plástico. Una vez completado el proceso, puede llenar el segundo cuenco con arena para que el bastoncillo se apague automáticamente. Si no tiene acceso a arena, puede utilizar sal en su lugar. Sin embargo, intente evitar el uso de agua para apagar las llamas porque esto puede crear un tipo de energía áspera. Los materiales para la purificación deben guardarse en el altar que haya creado.

También puede añadir un abanico o una pluma a su material si desea darle más valor al proceso. Esto es especialmente útil si utiliza manojos de salvia en vez de la ramita entera. Hay varios abanicos preciosos disponibles en tiendas y en internet; hacerlos usted mismo es aún mejor.

Se puede practicar el sahumerio en casa con salvia, palo santo u otras hierbas de dos maneras. El método tradicional utiliza un bastoncillo, mientras que la técnica menos utilizada quema hojas sueltas en un cuenco ignífugo. Si no tiene mucha experiencia en rituales de purificación, lo mejor es utilizar un palo o una rama de salvia en lugar de quemar hojas sueltas. Se trata de un proceso relativamente sencillo y no requiere habilidades especiales. Solo tendrá que preocuparse de las cenizas que caigan del palo y del riesgo de provocar un incendio. Sin embargo, este problema puede remediarse fácilmente colocando un cuenco bajo el bastoncillo mientras hace la limpieza. Aun así, si se siente nervioso por el proceso, debería empezar utilizando solo unas pocas ramas en lugar de todo el palo para el proceso. Esto le ayudará a tener más confianza mientras desarrolla sus habilidades para limpiar. Para obtener las ramas, basta con desenrollar un bastoncillo y utilizar algunas de sus ramas para sahumar su espacio.

La segunda opción requiere un poco más de trabajo que la tradicional, así que es mejor que empiece por la más fácil y vaya avanzando poco a poco. Para esta opción, necesitará un recipiente ignífugo para quemar las hierbas sueltas dentro del cuenco. Aunque algunas personas prefieren utilizar conchas de abulón para este fin, no es recomendable, ya que no son totalmente ignífugas. En su lugar, puede utilizar esas conchas para exponer las hojas de salvia en su altar y utilizar un simple cuenco de cerámica para quemarlas. También puede utilizar conchas de abulón para recoger las cenizas que caen de las hojas ardiendo durante el sahumerio. Coloque un poco de arena en la base de su recipiente ignífugo, seguida de una pastilla de carbón y, a continuación, coloque las hojas. Al igual que los palos de sahumerio, las mezclas de hojas sueltas también contienen varias hierbas, como lavanda, salvia blanca, cedro, pétalos de rosa, enebro y otras hierbas. Puede adquirir un paquete de hierbas ya preparado o hacerlo usted mismo.

Cuándo hacer una limpieza

Aunque no hay restricciones sobre cuándo y dónde se puede realizar un ritual de limpieza, ciertos momentos son más adecuados que otros, dependiendo de la intención. Si nunca ha realizado este ritual, ahora es un buen momento para empezar, ya que probablemente su casa haya acumulado una gran cantidad de energía negativa a lo largo de los años. Aunque crea que vive en la casa más armoniosa, con las interacciones más positivas entre su familia, la energía humana crea una cantidad significativa de residuos energéticos, similar a cómo se acumula el polvo en su casa a diario.

Sahumar el ambiente con regularidad es un buen hábito, igual que beber una taza de té por la mañana o realizar su rutina de ejercicios. Cuando se prepara un té cada mañana, realiza los movimientos del proceso y se toma un momento para conectar consigo mismo. Esto se convierte en un ritual apreciado que es incomparable con cualquier otra actividad. Las sensaciones de calma y tranquilidad tienen más que ver con el ritmo del ritual que con el té en sí, y ocurre exactamente lo mismo cuando establece otro ritual.

Una vez que haya desarrollado la capacidad intuitiva de ser consciente de la energía que le rodea, sabrá exactamente cuándo necesita realizar el proceso de limpieza. La necesidad de limpieza espiritual puede ser el resultado de varias cosas. Por ejemplo, un conflicto familiar o algunos objetos que ha traído recientemente a casa, etc.

Situaciones de la vida que la purificación puede mejorar

Cuando su familia tiene problemas, es probable que su espacio se contamine con emociones y energías negativas. Este es el mejor momento para hacer un ritual de purificación. Automáticamente, se dará cuenta de las energías negativas que plagan su casa cuando se entere de este tipo de acontecimientos recientes. La limpieza en momentos como este ayuda a limpiar la energía después de una discusión y elimina la tensión entre los miembros de la familia. También puede practicar el sahumerio si usted o uno de los miembros de su familia está pasando por un momento difícil en su vida personal, en el trabajo o en la escuela, o si se enfrenta a algún desafío emocional. Esta práctica puede ayudarle a lidiar con emociones pesadas como la ansiedad, la depresión, la tristeza, el miedo y la fatiga mental.

Las energías bajas, estancadas y negativas que se acumulan en un espacio pueden dificultar la respiración y empeorar las cosas. Por eso la limpieza es esencial, no solo una práctica de vudú espiritual. La limpieza que lleva a cabo este ritual sagrado le ayuda a despejar el camino hacia una conexión más profunda y clara con su yo interior y con las personas que le rodean. Piénselo así. Vivir en una casa llena de energía negativa es como intentar contemplar un hermoso jardín a través de unas ventanas sucias. No puede ver nada con claridad, aunque las bonitas flores estén justo fuera. Para ver toda la belleza del jardín, tendría que limpiar las ventanas sucias. Del mismo modo, cuando se dejan desatendidas, las energías negativas pueden acumularse en las partes más profundas de su vida y, en última instancia, distorsionar su visión. Todo el mundo está profundamente conectado por la energía de su hogar, este es el lugar donde pasa la mayor parte de su tiempo, y por lo tanto, su aura está interconectada con la energía de su hogar. Cuando limpia y limpia la energía que le rodea, está haciendo lo mismo con la energía de su interior. Así que, ya sea que practique una versión simple o complicada de un ritual de limpieza, le ayudará a mantener la energía de su hogar protegida y pura.

Situaciones difíciles y eventos que requerirían limpiar su casa incluyen:

- Una gran pelea
- Abuso verbal o físico
- Tener invitados groseros
- La muerte de un familiar
- Problemas financieros
- Un accidente
- Problemas de pareja
- Enfermedades

Siempre que atraviese un momento difícil en su vida, la limpieza puede ayudarle a eliminar la negatividad y proporcionarle el apoyo necesario para superar la situación con facilidad. Piénselo de este modo. No limpiar su casa de energías negativas es como desayunar en platos sin lavar. ¿Comería usted algo servido en un plato sucio? La mayoría de los hogares están llenos hasta el borde de energía negativa no deseada, como la mugre de estos platos sucios, lo que hace muy difícil que la gente sea feliz y esté sana en estos hogares tan tóxicos.

Muchas personas hacen hincapié en la importancia de desordenar una casa para crear un espacio armonioso, pero rara vez hablan de la limpieza energética de los residuos negativos y las huellas que quedan en el hogar. De hecho, si siente que en su casa hay un desorden cada vez mayor que resulta imposible de eliminar, intente hacer un ritual de limpieza con sahumerio y notará una diferencia notable en el flujo energético de su hogar, lo que le facilitará la tarea de eliminar el desorden. El sahumerio también puede ayudar en los momentos más brillantes, como cuando empieza una nueva relación, inicia un nuevo proyecto o se muda a una nueva casa. En estos casos, el sahumerio crea un ambiente lleno de energía positiva, que atrae todas las cosas buenas a su vida.

Los mejores momentos del día para hacer la limpieza

En cuanto a los ciclos energéticos, un día tiene los mismos cuatro ciclos que todo el año. Se mueve de la profundidad de la noche (invierno) a la mañana (primavera), al mediodía (verano) y, finalmente, al atardecer (otoño). Este ciclo es la razón por la que muchas personas prefieren realizar sus rituales de purificación por la mañana temprano. Hay algo tan calmante y vigorizante en la práctica de la limpieza matutina que hace que el día comience con una nota muy positiva. El mejor momento para practicar la depuración matutina es entre las 5 y las 7 de la mañana, durante la cual puede abrir los canales de energía del universo y atraer energía positiva a su vida. Este hábito de la limpieza es similar a la limpieza durante el equinoccio de primavera. Además, la práctica matutina le ayuda a centrar su energía y le hace sentirse más tranquilo. Le abre a las posibilidades del día y le prepara para recibir todo tipo de energías positivas.

Otro buen momento para practicar la limpieza durante el día es entre las 11 de la mañana y la 1 de la tarde. Se dice que es la energía más potente del día, al igual que el solsticio de verano es el mejor momento para los rituales espirituales. También puede aumentar la eficacia de sus rituales de purificación incorporando la energía de los ciclos estacionales y lunares. Trabajar en armonía con los ritmos naturales del mundo añade un impulso energético a sus sesiones de purificación. Sin embargo, debe tener en cuenta que no es necesario tener en cuenta estos ciclos en sus rutinas diarias o semanales. El uso de los ciclos estacionales y lunares es especialmente útil para rituales de limpieza más amplios, cuando se tiene una intención específica en mente.

Para determinar el mejor momento para su ritual, empiece por definir claramente su intención. ¿Quiere liberarse de la energía negativa o quiere atraer energía positiva a su vida? Todos los rituales de purificación implican eliminar la negatividad y dar la bienvenida a la energía positiva. Sin embargo, tener una intención bien definida para un ritual de purificación específico ayudará a dirigir la energía de la forma más beneficiosa. Alinear el momento de la limpieza con su intención dará a su ritual un impulso adicional.

En este capítulo se han tratado los preparativos esenciales necesarios antes de iniciar el proceso de purificación. Antes de embarcarse en esta práctica ancestral, es crucial asegurarse de que se realizan los preparativos adecuados para crear un entorno armonioso y sagrado. Al realizar estos preparativos, podrá honrar las antiguas tradiciones de la técnica y crear un espacio sagrado para el crecimiento espiritual y la sanación. El sahumerio es una herramienta poderosa para limpiar las energías negativas, restaurar el equilibrio e invitar a las vibraciones positivas a sus vidas.

Capítulo 4: Hierbas, resinas y aceites

La variedad de hierbas, aceites y resinas que se utilizan para hacer sahumerio parece ilimitada, con hierbas que van desde las más comunes, como la salvia, la lavanda y el enebro, hasta las menos populares, como la madera de cedro, la verbena y el romero. La elección de los productos depende de distintas influencias, pero sobre todo de lo que haya disponible en su zona. Puede optar por utilizar una sola hierba o crear una varita de olor con una combinación de diferentes hierbas. Aquí es donde su intuición le guiará, y algunas directrices le darán el marco básico para la selección de los productos a utilizar en un ritual de sahumerios. Este capítulo trata sobre la selección de hierbas, resinas y aceites para distintos tipos de rutinas de limpieza. También incluirá una guía paso a paso para utilizar resinas, aceites esenciales y otros productos para practicar un ritual de limpieza.

Elección de las hierbas

Aunque no hay reglas específicas a la hora de hacer combinaciones de hierbas para la limpieza, debe saber que las que se consideraban las cuatro medicinas sagradas en las tradiciones de los nativos americanos, el tabaco, el cedro, la salvia blanca y la hierba dulce, nunca se mezclan. Aparte de esta regla, no hay limitaciones. A continuación se enumeran las hierbas más populares, junto con sus propiedades específicas. Su elección dependerá principalmente de estas propiedades y de cómo se alineen con sus intenciones.

1. Cedro

El cedro [47]

El cedro es uno de los árboles más antiguos del planeta; como tal, es potente, lleno de energía espiritual y majestuoso. Esta hierba se ha asociado con la protección y la limpieza y se ha utilizado para hacer sahumerios y otros procesos de purificación espiritual en muchas tribus nativas americanas. El cedro se considera una poderosa hierba curativa y un espíritu guardián que protege su hogar.

2. Enebro

El enebro es una hierba antigua con fuertes propiedades de protección y bendición [48]

Tan antiguo como el cedro, el enebro es una hierba ancestral con fuertes propiedades de protección y bendición. Muchas tribus lo han utilizado para rituales de protección y para atraer abundancia y bendiciones al hogar. La energía de sahumerio del enebro también puede calmar y purificar su espacio y trae energía positiva a un espacio de otro modo cargado negativamente.

3. Lavanda

La lavanda se ha utilizado en rituales de purificación durante mucho tiempo. Como ya sabrá, la lavanda tiene propiedades calmantes y se utiliza en muchos remedios naturales a base de hierbas. Sin embargo, ¿sabía que también es una hierba muy popular para hacer un sahumerio, ya que proporciona una sensación de calma y claridad? Ayuda a aliviar el estrés y **proporciona** a su espacio una energía dulce y nutritiva. También se prefiere quemar lavanda como ritual posterior a la limpieza para formar un último escudo protector alrededor de su espacio.

La lavanda tiene propiedades calmantes y se utiliza en muchos remedios naturales a base de hierbas [49]

4. Pino

El pino ayuda a profundizar la respiración y hace que la cabeza se sienta más clara y concentrada.[50]

El pino tiene un efecto más profundo en las personas que el propio espacio. Puede ayudarle a profundizar su respiración y hacer que su cabeza se sienta más clara y concentrada. Le ayuda a relajarse y a centrarse. Esta hierba se utiliza para ayudar a traer el perdón durante situaciones difíciles.

5. Salvia

La salvia ayuda a aportar claridad, tranquilidad y protección [61]

La salvia es la hierba más popular para los rituales de purificación. Cuando escucha la palabra purificación, la primera hierba que le viene a la mente es la salvia o salvia blanca. Esta hierba aporta claridad, paz y protección. También se puede utilizar para invocar las bendiciones del universo divino. Además de la salvia blanca, existen otras variedades, como la salvia negra, la salvia púrpura y la salvia azul. De hecho, hay casi 300 variedades de salvia. Sin embargo, no todas se utilizan comúnmente para fines de sahumar.

6. Hierba dulce

La hierba dulce, otra hierba popular utilizada durante siglos, proporciona todo tipo de beneficios. Su aroma a vainilla evoca una sensación de confianza, claridad y paz. Se asemeja a una presencia dulce, nutritiva y suave, a menudo asociada con la energía maternal. Los nativos lo llaman el cabello de la Madre Tierra. Tradicionalmente, los bastoncillos de hierba dulce se crean trenzando tres hebras de esta hierba, cada una de las cuales representa la bondad, el amor y la honestidad.

7. Rosa

Los pétalos de rosa se suelen utilizar en combinación con la lavanda para crear bastoncillos de sahumerio bellamente perfumados. Los pétalos de rosa añaden un toque de energía elegante y atraen el amor, la curación y la armonía. También se pueden combinar con romero, tomillo y salvia silvestre.

8. Romero

Según las antiguas tradiciones, el romero tiene el poder de proteger su espacio de la negatividad a la vez que lo limpia. Dado que es una hierba muy energizante, se suele combinar con salvia y otras hierbas para obtener los mejores resultados.

9. Tomillo

El tomillo se utiliza frecuentemente junto con el romero para purificar y salvaguardar. También aumenta la vitalidad, el coraje y la confianza, a la vez que calma la energía de la tristeza.

Aunque la mayoría de las combinaciones funcionan bien, debe hacer caso a su intuición a la hora de hacer combinaciones de sahumerios. Aunque se le anima a hacer combinaciones de hierbas, se sugiere que no utilice demasiadas hierbas en una sola combinación, ya que eso puede mezclar sus propiedades.

Quemar resina sagrada

La quema de resinas es otro ritual antiguo, muy similar a la limpieza, o incluso más poderoso. Las resinas sagradas se obtienen de árboles curativos, siendo los más populares el copal, el incienso y la mirra. Cada una de ellas tiene propiedades únicas y, al mismo tiempo, proporcionan casi los mismos beneficios. El incienso tiene propiedades protectoras, limpiadoras y elevadoras, la mirra se utiliza para despejar la confusión y alinear a una persona con la dulzura de su corazón, y el copal se utiliza para despejar la mente, eliminar cualquier bloqueo energético y atraer energía positiva a su vida.

Estas tres resinas tienen en común su capacidad para limpiar y proteger, lo que abre el camino a la energía positiva. Tanto si quiere atraer el amor, la abundancia, la paz interior o una mejor salud, estas resinas pueden utilizarse para proporcionar las mismas propiedades que las hierbas quemantes. Estas resinas suelen combinarse para obtener una solución más potente, y a veces se añaden otras hierbas a la mezcla. Como con todas las hierbas, aceites y resinas, es esencial fijar la intención antes del proceso.

Aunque la resina es la mejor opción si no le gusta el olor de las hierbas quemadas, también requiere un poco más de trabajo. Debe dedicar algo de tiempo y esfuerzo a reunir los suministros necesarios. Debería intentarlo, especialmente si nunca lo ha hecho antes, porque la fragancia de la resina quemada es maravillosa. Se dice que el aroma le conecta con las antiguas raíces de este universo y hace aflorar profundos sentimientos emocionales. Para muchos, el proceso es increíblemente enraizante y, al mismo tiempo, profundamente místico. Estos son los materiales que necesitará para quemar resinas sagradas:

- Un cuenco resistente al fuego y al calor
- Un poco de arena para colocar en el cuenco
- Carbón para incienso
- Un par de pinzas
- Su elección de resina sagrada
- Una vela

Estos son los seis pasos para quemar resina sagrada:

1. Reúna sus suministros y guárdelos en un lugar al alcance de la mano. Asegúrese de que estén sobre una superficie plana para evitar el desorden. Su altar sería un buen lugar para empezar.
2. Llene el recipiente ignífugo con arena como lo haría con un ritual de sahumerios regular.
3. Encienda la vela y sostenga el carbón encima de la llama utilizando las pinzas.
4. Manténgalo ahí hasta que se encienda o adquiera un color rojizo. Una vez que esto suceda, coloque el carbón encima de la arena en el cuenco ignífugo.

5. Asegúrese de que el carbón se calienta uniformemente y debería cambiar de color. Si no lo hace, intente calentar los bordes antes de colocarlo dentro del cuenco.
6. Una vez que el carbón forme una capa de ceniza gris al colocarlo sobre la arena, sabrá que está listo para quemar resina.
7. Por último, coloque una pequeña cantidad de resina sobre el carbón caliente y disfrute de su fragancia.
8. Puede seguir añadiendo pequeñas cantidades de resina después de que se derrita

Si es principiante en esto de sahumar con resina, o incluso en el ritual habitual de limpiar, es mejor que no mueva demasiado el cuenco en sus primeros intentos. Simplemente, colóquelo sobre una superficie plana donde no haya riesgo de que se caiga. Cuando se haya acostumbrado al ritual, puede probar a moverlo por la habitación y de una habitación a otra. No obstante, coloque el recipiente ignífugo encima de una bandeja pequeña para mantenerlo estable.

No utilice conchas de abulón en lugar de cuencos ignífugos, por muy estético o ritual que parezca. La concha no es ignífuga y se estropeará. Puede optar por incensarios. Hay una amplia gama de incensarios en el mercado, desde los enormes que se ven en iglesias y templos hasta los más pequeños que se usan en los hogares de todo el mundo.

Es posible que al principio le cueste un poco quemar la resina. Por ejemplo, es posible que el carbón no se encienda fácilmente o de manera uniforme. Sin embargo, con un poco de ensayo y error, le cogerá el truco al proceso, por complicado que pueda parecer al principio.

Limpieza líquida

La limpieza líquida es la forma más sencilla de limpiar sin tener que seguir demasiados pasos. Aunque los efectos de este tipo de purificación no son los mismos que los de los rituales tradicionales, ya que carece del elemento fuego, estará creando un cambio significativo en la energía de su hogar cuando practique la purificación líquida. El proceso consiste en utilizar una mezcla de aceites esenciales en agua pura, siendo la combinación más popular la de palo santo y salvia blanca. También encontrará en el mercado otras mezclas que contienen diversos aceites esenciales, o incluso puede hacerlas usted mismo. A diferencia de la técnica tradicional, encontrará varias opciones de aceites y mezclas líquidas, ya que esta opción es cada vez más popular, y la mayoría de la gente opta por esta alternativa de bajo esfuerzo.

Lo mejor de esta técnica es su portabilidad; puede llevarla a cualquier parte sin preocuparse por la seguridad contra incendios. Además, es un proceso rápido en comparación con la limpieza habitual y no genera humo. Por lo tanto, puede utilizarlo incluso en su lugar de trabajo, coche o habitación de hotel. Aunque no quiera pasarse por completo a la limpieza líquida, puede optar por él de vez en cuando mientras viaja o para una solución rápida. No tiene que elegir una sola opción y puede escoger varias técnicas de sahumerios para incorporarlas a su rutina, ya sean rituales tradicionales, líquidos o de otro tipo.

Incienso natural

El arte de hacer incienso es una antigua artesanía que se ha llevado a cabo con fines espirituales en todo el mundo. Estas poderosas soluciones se crean siguiendo complejas recetas y fórmulas para diversos rituales espirituales originarios del antiguo Egipto, Nepal, India, Tíbet y Japón. Dado que esta práctica se ha hecho muy popular en nuestros días, se venden muchos productos de incienso de baja calidad. Sin embargo, estos productos pueden crearse fácilmente siguiendo una potente receta de ingredientes naturales. En el mercado existen diversos productos de incienso, desde finas varillas de diferentes longitudes hasta pequeños conos, ladrillos rectangulares, bobinas de incienso e incluso pequeñas cuerdas retorcidas. Hay incluso una gran variedad de porta-inciensos de todas las formas, tamaños, colores y materiales.

Si ha tenido alguna experiencia con la quema de incienso, probablemente esté familiarizado con lo frustrantes que son esos finos porta-inciensos. Una vez que las varillas de incienso han terminado de arder, la ceniza queda esparcida por todas partes, creando un desastre. Aunque puede optar por los incensarios anchos, también puede probar otra técnica más espiritual de quemar incienso. Puede crear la base del incensario con algún material alimenticio, como arroz o grano, y colocar las varillas de incienso dentro de este montón. Este proceso no solo ayuda a limpiar espiritualmente su espacio, sino que la comida también actúa como una ofrenda al universo. Una vez que el incienso haya terminado de arder, puede mezclar sus cenizas con los granos o el arroz y colocar uno nuevo en su lugar. De este modo, también puede utilizar varias varillas de incienso simultáneamente para obtener un efecto más purificador. Si quiere elegir el mejor incienso, lo mejor es comprarlo en persona en lugar de pedirlo por Internet. Tendrá una experiencia directa con las fragancias de cada producto y encontrará el más adecuado para usted.

Aceites esenciales

El uso de aceites esenciales para rituales de limpieza es uno de los favoritos de muchos, sobre todo desde que existen tantas variedades y difusores. Los difusores ultrasónicos están de moda hoy en día. Utilizan una niebla fría para difundir los aceites esenciales en el aire, por lo que el aroma es comparativamente más fuerte que el de muchos otros difusores de velas. Pero quizá lo mejor de todo es que apenas requieren esfuerzo por su parte. Todo lo que tiene que hacer es llenar el difusor con agua fría y los aceites esenciales de su elección y seleccionar la función y los tiempos. Esta es la forma más sencilla de dinamizar su espacio y poner energía positiva en el ambiente a través de los aceites esenciales. Al igual que la limpieza líquida, este proceso no requiere que queme nada y, por lo tanto, carece del elemento del fuego. Por lo tanto, aunque no se puede comparar con los rituales tradicionales de purificación, es algo que se puede hacer a diario.

La limpieza se produce a un nivel más sutil, pero tiene un efecto considerable sobre la energía negativa del entorno, por no mencionar la ventaja añadida de que el espacio huele de maravilla. Estos son algunos de los aceites esenciales más utilizados para la limpieza energética. Puede utilizar una combinación de estos aceites o simplemente uno cada vez, según le convenga. Recuerde que es posible que no reaccione positivamente a las hierbas utilizadas en cada uno de estos aceites esenciales. Por lo tanto, debe leer las advertencias sanitarias que acompañan a estos productos.

- **Aceite de abeto balsámico**

    Este aceite esencial puro tiene numerosos usos, desde aliviar la tensión muscular hasta combatir las infecciones y purificar la energía de cualquier espacio. Tiene un aroma refrescante y estimulante y ayuda a equilibrar la energía que le rodea. Al utilizar este aceite esencial, sentirá que su respiración se vuelve más profunda y empezará a conectar con su sabiduría interior.

- **Aceite de cedro**

El aroma amaderado del aceite de madera de cedro es incomparable con cualquier otro y puede utilizarse para limpiar la energía de cualquier vibración negativa. Puede utilizarlo para impregnar su espacio de energía protectora y pacífica. La madera de cedro se considera un símbolo de abundancia y sabiduría.

- **Aceite de ciprés**

Además de tener numerosos beneficios medicinales, el aceite de ciprés también es una opción popular para los rituales de sahumerio debido a su fragancia clara y energizante. Se dice que es una solución holística para la curación de la mente y el cuerpo. Ayuda a aliviar la ansiedad, el estrés y otros problemas mentales. Cuando lo use para limpiar su espacio, este se llenará de calma y vitalidad.

- **Aceite de eucalipto**

Otro aceite esencial popular principalmente por sus beneficios medicinales, incluyendo propiedades antibacterianas, antivirales, antiinflamatorias y antimicrobianas, el aceite de eucalipto, es un ingrediente frecuentemente utilizado para los rituales de limpieza. Ayuda a rejuvenecer su energía, a mejorar su memoria y a reducir la tensión en su espacio, dando como resultado un ambiente claro y limpio.

- **Aceite de incienso**

El incienso procede de la resina de los árboles Boswellia carteri recogidos en la naturaleza. Sus propiedades embellecedoras y purificadoras han sido veneradas durante siglos. El incienso proporciona una energía reconfortante y vigorizante que eleva el ambiente de cualquier zona y crea una profunda sensación de bienestar. Se cree que mejora la memoria, alivia la inflamación y favorece un sueño reparador si se utiliza de forma constante.

- **Aceite de enebro**

El enebro es famoso por sus propiedades desintoxicantes e inmunitarias. Además de su capacidad para eliminar la negatividad y purificar el aire circundante, el enebro es muy calmante y ayuda a dormir mejor. La esencia del aceite de enebro facilita la disipación de la energía negativa, proporcionando un entorno sereno y protegido.

- **Aceite esencial de lavanda**

Sin duda, la lavanda destaca no solo como el aceite más popular, sino también como uno de los más versátiles. Sus notables propiedades limpiadoras, purificadoras, calmantes y suavizantes armonizan con sus capacidades revitalizantes y energizantes. La lavanda, una hierba adaptógena, se adapta a su nivel de energía, proporcionando lo que se necesita para restablecer el equilibrio, ya sea que requiera activación o paz. Para los que se inician en el uso de aceites esenciales, la lavanda es sin duda la opción ideal al principio.

- **Aceite de palo santo**

El palo santo encarna la dualidad única de ser edificante y a la vez enraizante. Su poder excepcional reside en su capacidad para limpiar y purificar, transformando las energías bajas y negativas de un espacio o del campo energético de una persona. Además, el palo santo imparte un aura de paz suave y tranquila. Se emplea con frecuencia en ceremonias para facilitar que los participantes alcancen estados profundos de meditación y fomenten una profunda conexión con el universo.

- **Aceite de menta**

El aceite de menta tiene la extraordinaria capacidad de aliviar rápidamente la tensión del cuerpo y del entorno. Sus propiedades purificadoras y vigorizantes refrescan el aire, despejan la mente, infunden energía revitalizante al espacio y evocan una sensación de renovación y optimismo. Al crear mezclas de aceites esenciales, el aceite de menta resulta ser una de las mejores adiciones, ya que armoniza a la perfección y potencia los efectos de la mayoría de los aceites purificadores del aire

- **Aceite de pino**

El aceite de pino tiene un aroma fresco y estimulante, acompañado de una energía calmante y estimulante. No solo posee propiedades antiinflamatorias, sino que también ayuda a aliviar los dolores de cabeza y purifica el aire eliminando los agentes patógenos. El uso de aceite de pino puede transmutar eficazmente la energía negativa, creando una renovada sensación de esperanza y rejuvenecimiento.

- **Aceite de romero**

El romero es un aceite esencial revitalizante que destaca por sus propiedades purificantes y energizantes. Ayuda a aliviar el estrés, mejora la claridad mental y fortalece el sistema inmunológico. Como miembro de la misma familia que la lavanda y la salvia, el romero comparte su notable capacidad para despejar la energía negativa e infundir una profunda sensación de paz.

- **Aceite de salvia blanca**

La salvia blanca es famosa por sus propiedades revitalizantes y purificadoras y por su capacidad para limpiar la energía negativa. Su aroma terroso tiene un efecto calmante sobre la mente y puede aliviar los miedos y la ansiedad. Además, la salvia blanca posee cualidades antibacterianas que ayudan a combatir las infecciones. A lo largo de la historia, la salvia blanca ha sido muy utilizada por sus profundos beneficios energéticos y curativos.

Antes de iniciar rituales de purificación con hierbas, aceites esenciales y resinas, tenga en cuenta algunas advertencias sobre la seguridad contra incendios y posibles alergias. Cuando trabaje con llamas abiertas, tenga cuidado y asegúrese de tener un recipiente ignífugo para recoger las cenizas o brasas. Preste atención a su entorno y mantenga los objetos inflamables alejados de cualquier peligro. Además, recuerde que ciertas hierbas y productos botánicos pueden provocar reacciones alérgicas en algunas personas. Si tiene alergias o sensibilidades conocidas, es aconsejable que realice una prueba de parche o consulte a un profesional sanitario antes de utilizar hierbas o aceites esenciales específicos.

Capítulo 5: Cómo limpiar con sahumerios

Sahumar su casa, sus objetos y a usted mismo con hierbas elevará las vibraciones del objeto que se está limpiando[58]

Ahora que ya se ha familiarizado con el trasfondo y los principios básicos de la purificación, puede examinar los pasos fundamentales y la estructura de un ritual de purificación. Este capítulo proporciona las directrices generales a seguir. Sin embargo, cada persona utilizará una técnica diferente. También recibirá consejos e instrucciones para realizar un baño de humo completo y técnicas para sahumar objetos.

Pasos básicos para sahumar

Sahumar su casa, sus objetos y usted mismo con hierbas elevará las vibraciones del objeto que se está limpiando. A continuación se presentan los pasos básicos para la limpieza

1. Establecer una intención

Aunque se recomienda establecer una intención durante la fase preparatoria, no es demasiado tarde para hacerlo como primer paso del ritual de limpieza propiamente dicho. Puede hacerlo en silencio o en voz alta y de forma tan sencilla o elaborada como desee. Siéntase libre de ser tan creativo con su intención como desee. Las razones para realizar este ritual pueden variar desde el deseo de limpiar la energía negativa hasta la invitación a la positividad y las bendiciones, desde la conexión con el yo superior o la naturaleza hasta el deseo de disfrutar de la esencia beneficiosa de las hierbas en el aire. Una vez que haya establecido su intención, intente mantenerla durante todo el ritual.

Si tiene problemas para centrarse en su intención, intente utilizar un punto focal para mejorar su concentración. Por ejemplo, algunos practicantes encuentran beneficioso mirar el humo para mantener la concentración, un elemento fundamental durante el trabajo espiritual. Otros visualizan su intención. Para ello, tómese unos instantes para cerrar los ojos y ver cómo todas las energías negativas de su espacio, su yo o su objeto se liberan a través de las ventanas y puertas abiertas. O imagine que la luz blanca o dorada entra en el aire fresco y llena cada rincón de su espacio con su paz.

Crear un mantra es otra forma de canalizar su intención e invitar vibraciones positivas a su hogar. Cree un mantra sencillo que pueda repetirse a sí mismo, como: *"Este espacio/objeto/persona está lleno de calma y luz"*, o *"que desaparezca de aquí toda negatividad"*.

2. Invocar a los guías espirituales, las cuatro direcciones o el ser superior

Invocar la ayuda espiritual es fundamental para los rituales de purga, especialmente cuando se hace la purga para la protección psíquica y la limpieza energética. Elija a quien desea invocar y con qué propósito, ofrezca una oración o afirmación de gratitud, o pida protección contra las energías negativas. También puede encender una vela y concentrarse en invitar a sus guías espirituales a su espacio, luego apagar la llama para señalar la finalización de esta etapa de limpieza. Lo mismo se aplica cuando quiere entrar en contacto con su yo superior. Determine por qué desea buscar información para su entidad espiritual interior y pídale que se revele.

He aquí un ejemplo de oración que puede utilizar para invocar a los guías espirituales:

"Mientras enciendo esta hierba sagrada, les pido que se unan a mí,

Para limpiar este (espacio/objeto/persona/yo) y protegerlo de intrusiones.

Les pido que me ayuden a sanar y a encontrar fuerza y paz.

Mientras arden las hierbas sagradas."

Según los practicantes nativos, los cuatro puntos cardinales tienen un significado único en la purificación. En consecuencia, es fundamental invocarlos adecuadamente antes del ritual. He aquí un resumen de lo que representan las cuatro direcciones:

- **Este:** Se asocia con la nueva luz del día, que surge cuando el sol se eleva por encima del horizonte por la mañana. Se cree que el este ayuda a manifestar nuevos comienzos y oportunidades de crecimiento y a canalizar la sabiduría.

- **Sur:** Cuando el sol alcanza su punto máximo, emite la mayor parte de su calor. El sur también puede representar la tierra, la fase más productiva del año o una etapa de la vida de alguien.

- **Oeste:** Atribuido a la madurez, el oeste es donde se pone el sol. Al ocultarse bajo el horizonte, el sol señala el final del día. Del mismo modo, esta dirección puede señalar el final de un viaje o de un proceso.

- **Norte:** Relacionado con la orientación y la sabiduría, el norte es una de las direcciones por excelencia. Abarcando los otros tres elementos, el norte representa las pruebas y tribulaciones que uno experimenta a lo largo de su vida.

Puede utilizar diferentes métodos para honrar a los cuatro elementos, incluida la siguiente oración:

"Invoco a los espíritus de esta hierba para alejar la negatividad de mi entorno, visible o invisible.

Invoco al espíritu del este, que trae el aire, para que me conceda paz y me inspire durante este ritual.

Invoco al espíritu del sur, que trae el fuego, para que me dé poder y me proteja.

Invoco al espíritu del oeste, que trae el agua para limpiar y purificar el objeto del ritual.

Invoco al espíritu del norte, que trae la tierra, para que me ayude a enraizar y reforzar mi intención.

Les pido a todos que me cuiden desde arriba mientras hago este trabajo.

Pido a la naturaleza que me proteja desde abajo hasta que desaparezca toda negatividad.

¡Gracias, elementos y naturaleza!".

3. Limpieza

La limpieza se refiere al acto de sahumarse uno mismo, el espacio o el objeto que necesita ser purgado de negatividad, agitando la varilla alrededor del área u objeto. Utilizar una pluma o un abanico ayuda a dirigir el humo según sea necesario. También puede utilizar las manos para mover el humo. Sin embargo, antes de llegar a esto, debe encender las hierbas. Si utiliza una varilla para sahumerios, sostenga un extremo sobre la llama hasta que se encienda. Apaga suavemente la llama. Tus plantas deberían brillar con un centelleo de luz naranja y emanar un chorro constante de humo. Comience a dirigir el humo alrededor del objeto que está limpiando su espacio, usted mismo o cualquier elemento que desee purgar de energías negativas.

4. Moverse con atención

Al hacer la limpieza con humo, es esencial moverse con atención e intención. No se preocupe: no hay una forma correcta o incorrecta de limpiar con humo su propiedad o su persona. Se trata de ser consciente de las energías. Al purgar un espacio, empiece por la entrada principal y vaya avanzando hacia las esquinas. Si purifica toda su casa, tómese su tiempo con los lugares que utiliza a menudo, así como las esquinas de las habitaciones. La energía de baja vibración suele esconderse en zonas inaccesibles. Al limpiarse o limpiar un objeto, muévase lentamente, preste atención a cada detalle y dedique más tiempo a las zonas que se sientan cargadas de negatividad.

Moverse con atención y conciencia es también una oportunidad de hacer esta práctica más personal. Solo usted sabe lo que le ayuda a concentrarse y permite que fluya su energía. Cada persona se acercará a la limpieza de forma diferente porque tiene una personalidad distinta. En consecuencia, cada persona necesita formas diferentes de atención plena. Si intenta trabajar de forma consciente de una determinada manera y no funciona, encuentre otra cosa que sí le permita despejar la mente y trabajar de forma eficiente.

5. Cerrar el ritual con bendiciones

Para concluir un ritual de limpieza de un espacio, sahumé alrededor de las cuatro esquinas del espacio y, a continuación, selle las puertas con una oración, un mantra u otra herramienta (como sal o cristales) para mantener alejada cualquier energía negativa y proteger su espacio sagrado. También puede rodear el objeto o la persona que está limpiando, moviéndose en el sentido de las agujas del reloj, o imaginar que se forma un escudo en la misma dirección si se está limpiando a sí mismo. Exprese su gratitud a los elementos, a los guías espirituales y a la naturaleza antes de apagar la varita.

Tómese el tiempo que necesite para agradecer todo lo que tiene y las bendiciones que recibirá en el futuro. Agradezca la energía renovada que ahora reside en usted, en sus herramientas, en su espacio o en otra persona. Mientras reflexiona sobre su ritual, agradezca que la energía negativa ya no esté bloqueando el flujo de positividad y aproveche las oportunidades que esto le ofrece. Cuando esté listo, respire hondo y deje que su mente se llene de sus pensamientos normales mientras vuelve lentamente a sus actividades cotidianas.

Bonificación: Técnicas y consejos para tomar baños de humo y sahumar objetos

Limpiar objetos, espacios y personas puede ser una forma fantástica de recuperar la energía que contienen. El sahumerio puede protegerle de cualquier vibración negativa acumulada en ellos debido a sus interacciones con energías negativas. Puede combinar la limpieza con humo con otros métodos de aumento o intercambio de energía, como oraciones, afirmaciones, sonidos, aceites esenciales, sahumar con hierbas o incienso, visualización o cánticos. A continuación encontrará instrucciones paso a paso y consejos para limpiar cualquier objeto, espacio o persona.

Ritual del sahumerio para objetos o espacios grandes

La limpieza de objetos o bienes más voluminosos requiere más energía. La receta de este ritual incluye múltiples hierbas secas, dependiendo de sus necesidades, usted puede elegir si desea utilizar todas o solo algunas de ellas.

Ingredientes:

- Albahaca
- Conos de pino
- Clavo de olor
- Lavanda
- Romero
- Enebro
- Hierba dulce
- Cedro
- Palo santo
- Salvia de jardín
- Salvia blanca

Instrucciones:

1. Después de abrir las ventanas, limpie físicamente el objeto o espacio. Asegúrese de que está libre de residuos y polvo antes de pasar a la limpieza con humo.
2. Seleccione una intención (preferiblemente en forma de oración o afirmación) que resuene con sus objetivos y recítela en voz alta mientras se concentra en el objeto que está limpiando. Por ejemplo, puede decir algo como:

    "Purgo este objeto de toda la energía que no pertenece aquí".

    "Quiero llenar este espacio/objeto de energía positiva y tranquilizadora".

    "Limpio este espacio/objeto de energía negativa para dejar entrar amor y luz".
3. Ate las hierbas en un manojo y enciéndalas por un extremo hasta que desprendan humo. Invoque a un ayudante espiritual que desee canalizar y reconozca las cuatro direcciones.

4. Sahúme un objeto moviéndolo sobre el humo en el sentido de las agujas del reloj. A medida que limpie alrededor del objeto, céntrese en liberar cualquier energía negativa que pueda haber quedado atrás e invitar a la paz y el amor.
5. Cuando limpie un espacio, haga circular suavemente el humo con la mano y, a continuación, muévase en el sentido de las agujas del reloj alrededor de la habitación para limpiar la zona deseada mientras repite la intención.
6. Visualice el objeto/espacio rodeado de luz blanca, que simboliza el renovado campo de energía ahora lleno de positividad y lo protege de malas energías.
7. Esto también es opcional, pero puede cantar sus mantras o palabras de poder que sean significativas para usted mientras se concentra en el objeto/espacio. Esto ayudará a elevar su vibración e invitar a la energía positiva en su hogar. O puede seguir concentrándose en su intención, haga lo que sea que le ayude a manifestarla más eficientemente.
8. Por último, agradezca a la fuente espiritual con la que trabajó para ayudarle a limpiar este objeto o espacio y establezca un propósito claro para su uso futuro.

Ritual del sahumerio para objetos pequeños

Si su práctica implica interacciones regulares con influencias negativas, un ritual de destierro para limpiar sus herramientas es imprescindible. O, si acaba de comprar un objeto antiguo y no está seguro de su origen, la limpieza con humo evitará que contamine su espacio con energías potencialmente perturbadoras. El siguiente ritual debe realizarse siempre que sienta que un objeto ha acumulado bajas vibraciones.

Ingredientes:
- Salvia blanca
- Una vela
- Incienso de su elección
- Un plato de cerámica para el incienso
- Aceite esencial de hierba dulce

Instrucciones:

1. Después de abrir las ventanas, encienda una vela blanca, levante el objeto y diga:

   "Destierro toda la negatividad de este objeto. Ya no es bienvenido aquí".

2. A continuación, trace un círculo alrededor de la vela con los dedos, moviéndose en el sentido de las agujas del reloj. Del mismo modo, queme la salvia, moviéndose en el sentido de las agujas del reloj alrededor del objeto mientras piensa en las vibraciones positivas que quiere que lo rodeen y en lo que piensa hacer con el objeto reenergizado.

3. Mientras lo hace, visualice que se forma una barrera protectora alrededor del objeto. Por último, sople la vela y diga:

   "Negatividad, en este instante te libero de este objeto. Eres libre de irte".

4. Ponga la salvia en un plato, colóquelo en el centro de su espacio de trabajo y déjelo arder. Limpiará su espacio y le protegerá de las energías no deseadas que liberó del objeto.

5. Puede canalizar vibraciones positivas hacia el objeto ahora que ha liberado la energía negativa. La hierba dulce puede atraer energía positiva, por lo que aplicar de 10 a 20 gotas de aceite esencial de hierba dulce en un difusor debería funcionar. Para obtener efectos óptimos, haga esto cada vez que haga una limpieza.

Baño de humo para mejorar el flujo de energía

Este baño de humo está diseñado para impulsar el flujo de energía a través de todo su sistema de chakras. Al tomarlo, su espacio y sus pertenencias se limpiarán de energías negativas, y su salud física, mental y espiritual se restaurará.

Ingredientes:

- Hierbas o bastoncillo para sahumerios de su elección (por ejemplo, salvia, palo santo o hierba dulce).
- Una concha de abulón (o, como alternativa, un cuenco de arcilla)
- Cerillas
- Una pluma (opcional si no quiere usar la mano)

Instrucciones:

1. Para empezar, cree un entorno relajante. La paz y la tranquilidad le ayudarán a concentrarse. Esto se puede conseguir con aceites esenciales como el de lavanda o manzanilla, atenuando las luces, poniendo música suave, quemando incienso o cualquier otra medida que ayude a crear una atmósfera tranquilizadora.
2. Piense en el resultado que desea manifestar. Sea conciso y honesto al formular la intención, ya que es el elemento más crítico del ritual. También determinará qué otras herramientas necesitas para apoyar su propósito y trabajar con eficacia.
3. Abra las ventanas y mantenga humeante su palo de sahumerio o su manojo de hierbas.
4. A continuación, respire profundamente para relajar el cuerpo y la mente. Comenzará por limpiarse a sí mismo, antes de pasar a los objetos y a su entorno. Esto requiere una concentración intensa.
5. Utilice una pluma o la palma de la mano para esparcir el humo por todo el cuerpo, desde la parte superior de la cabeza hasta los pies.
6. Preste atención a su respiración: Manténgala lenta y constante. Si lo desea, puede permanecer conectado a su respiración visualizando su intención.
7. Al inspirar, imagine que toda la energía negativa entra en su cuerpo, dejándole relajado y fresco. Mientras exhala, imagine que libera toda esta negatividad lejos de usted. Continúe haciendo esto hasta que se encuentre en un estado completamente relajado.
8. Ahora es el momento de abrirse y liberar toda la energía estancada en su interior. Para ello, recite la siguiente afirmación:

    "Estoy *abriendo mi mente, cuerpo y alma y liberando toda la energía estancada en su interior*".
9. Visualice una poderosa luz que irradia desde el centro de su pecho, expandiendo y purgando lentamente su campo energético. Haga esto hasta que sienta que está libre de cualquier negatividad.
10. El siguiente paso es reforzar su esfuerzo de purificación con afirmaciones positivas u oraciones. También puede utilizar vibraciones sonoras para fomentar una limpieza adicional y equilibrar los campos energéticos durante la limpieza. Utilice herramientas que se alineen con su frecuencia vibratoria y obligue a disipar cualquier energía estancada.

11. A continuación, empiece a caminar lentamente y lleve el humo a cada lugar que desee limpiar. Una vez más, mueva el humo por la zona con la mano o con una pluma. Concéntrese en los lugares donde la energía podría escapar o esconderse, como ventanas, puertas, pasillos, muebles o plantas. Utilice el principio del paso anterior para limpiar objetos y herramientas.
12. Al observar el humo, puede notar que cambia de dirección o de comportamiento cuando toca ciertas cosas. Esto podría indicar que debe prestar más atención a estos objetos o zonas.
13. Intente no respirar el humo, ni llenar todo su espacio de humo. Recuerde, está haciendo un baño de humo, no fumigando su propiedad.
14. Selle los puntos de entrada energéticos una vez que esté listo para concluir el ritual de limpieza. Puede hacerlo respirando profundamente y visualizando una poderosa luz que irradia desde el centro de su pecho, encogiéndose lentamente hasta que toda su energía esté completamente contenida en su interior. Mientras lo hace, diga:

"La entrada está cerrada para la negatividad, y todo y todos están protegidos".
15. Afirmar los resultados del baño de humo le ayudará a mantener alejadas de usted las energías negativas para que pueda permanecer en un estado abierto a las energías positivas.

Qué hacer si se apaga el sahumerio

Evite que el sahumerio se apague durante el ritual. Vigílelo y sople suavemente en cuanto note que ya no brilla y que el humo disminuye de intensidad. No es el fin del mundo si se apaga; tenga las cerillas a mano para volver a encender las hierbas si es necesario. Algunas hierbas son más difíciles de encender y se apagan más fácilmente. Es normal, tendrá que prestarle más atención.

Otra forma de evitar que se apague el bastoncillo es mantenerlo inclinado mientras lo utiliza. Si tiene que volver a encender las hierbas, asegúrese de que todo el extremo del bastoncillo permanece envuelto en la llama durante al menos 20 segundos.

Una vez concluido el ritual, apague las llamas presionándolas contra un recipiente impermeable, una concha de abulón o un lavabo. También se puede soplar sobre ellas, pero algunos practicantes lo desaconsejan por considerarlo una falta de respeto a los espíritus. Tampoco se recomienda apagar las brasas con agua. Empapar las hierbas podría hacer imposible volver a encenderlas.

Si las hierbas se han quemado por completo, o quiere desterrar una gran cantidad de negatividad que recogieron, entiérrelas en la tierra. La naturaleza le ayudará a disipar y neutralizar esas influencias negativas para que no vuelvan a atormentarle más tarde.

Cómo lidiar con las energías persistentes

En la mayoría de los casos, sabrá que el proceso de limpieza ha tenido éxito observando el color del humo. Por ejemplo, si el humo es espeso y oscuro, queda mucha energía por limpiar, y cuando se vuelve más claro, significa que la negatividad ha desaparecido. Sin embargo, esto no siempre es tan fácil. Algunas energías son tan poderosas y persistentes que se aferrarán obstinadamente a sus objetos, al espacio, a usted mismo o a los que le rodean. En estos casos, debe hacer una segunda (y, si es necesario, una tercera) limpieza. Cuando lo haga, preste atención a cómo se mueve el humo. ¿Se adhiere al objeto o a partes del espacio, intentando envolverlo? ¿O intenta evadirlo? En el primer caso, todavía quedan energías negativas, mientras que en el segundo, el humo se aleja porque todas las energías negativas se han disipado. Si está trabajando en una habitación, abra todas las ventanas para que el humo (junto con la negatividad) abandone el espacio. Si está limpiando un objeto no estacionario, acérquelo lo más posible a la ventana para que la energía contaminada pueda salir inmediatamente.

Cómo incorporar la limpieza con sahumerios a su programa diario

La mayoría de los practicantes recomiendan limpiar una o dos veces al mes, dependiendo de la frecuencia con la que se encuentren las energías negativas. Sin embargo, si su práctica implica un trabajo espiritual regular, usted, sus herramientas, su espacio y quienes le rodean estarán expuestos a constantes interferencias energéticas. Para contrarrestar sus efectos, incorpore rituales regulares de limpieza de humo a su vida cotidiana.

¿Se pregunta cómo empezar? Es más fácil de lo que cree. Realice un rápido ritual de limpieza cada mañana o cada noche, dependiendo de cuándo trabaje con energías espirituales. Al final de la semana, haga una limpieza profunda de sus herramientas, su espacio y, si es necesario, de usted mismo. Realice limpiezas adicionales adaptadas a situaciones específicas. Por ejemplo, si acaba de dar una gran fiesta y no quiere que las energías de todos los asistentes contaminen su espacio, límpielos con un sahumerio. La limpieza con sahumerios también puede ser una solución magnífica para limpiar su aura tras un desacuerdo con su jefe o pareja.

Capítulo 6: Alternativas al sahumerio

Los métodos de sahumerio sin humo pueden ser útiles cuando la quema de hierbas no es práctica o no está permitida en un entorno concreto. En este capítulo se describen varias técnicas y herramientas para la limpieza y purificación energética sin humo, desde la sanación con sonido hasta la visualización, pasando por los aerosoles y las sales.

Sanación con sonido

Las vibraciones sonoras son una herramienta poderosa para la limpieza energética y la sanación [58]

Las vibraciones sonoras pueden ser una herramienta poderosa para la limpieza energética y la sanación. La curación por vibración es una técnica de meditación o atención plena que permite a los participantes sumergirse por completo en vibraciones superiores, portadoras de energía beneficiosa. Sin embargo, a diferencia de otros métodos similares, la meditación con sonidos puede realizarse sin establecer una intención ni necesitar orientación externa. En su lugar, se escuchan sonidos y se deja que calmen y curen la mente, el cuerpo y el alma. Este tipo de limpieza es especialmente eficaz para extraer la energía negativa y promover la curación física y emocional. Diferentes herramientas sonoras, como cuencos tibetanos, horquillas, gongs, campanas y carillones, pueden ser útiles para crear un entorno de sanación vibracional, también conocido como baños de sonido. También se pueden preparar baños de sonido con música relajante o sonidos pregrabados de instrumentos, la naturaleza, etc. El objetivo es alcanzar un estado de conciencia más profundo que fomente la autoconciencia, alivie el estrés y permita recargarse de energía positiva.

Para utilizar la sanación por el sonido para la limpieza, simplemente busqué un lugar cómodo para acomodarse. Cierre los ojos y empiece a concentrarse en su respiración. Mientras inspira y espira, deje que el sonido de la música o los instrumentos penetre en sus sentidos, que vaya más allá de la audición. Por ejemplo, puede visualizar las ondas sonoras entrando en su cuerpo y limpiándole desde dentro hacia fuera. Siga respirando profundamente y concéntrese en el sonido hasta que sienta que se ha limpiado por completo.

También puede utilizar esta técnica para limpiar energéticamente objetos o espacios. Para lo primero, coloque el objeto en un cuenco tibetano (o cerca de otra fuente de sonido) y deje que las vibraciones limpien la energía negativa. En el segundo caso, lleve la fuente de sonido por el espacio. Deténgase varias veces y deje que el sonido suba tres veces en cada esquina o lugar en el que se detenga. Abra las ventanas para dejar que las vibraciones negativas se disipen y evitar que queden atrapadas en el espacio.

Aerosoles

Los aerosoles para limpiar son aerosoles de aceites esenciales o mezclas a base de agua infundidas con hierbas o cristales propicios para purificar un espacio. Existen diferentes tipos de aerosoles, entre los que se incluyen:

- Mezcla de salvia blanca, hierba dulce y cedro para purgar la negatividad y sustituirla por positividad.
- Aceites esenciales de tabaco, cedro, salvia y hierba dulce para aprovechar las vibraciones positivas de la naturaleza.
- Esencias de palo santo, salvia, enebro y salvia lavanda (a menudo reforzadas con cristales de cuarzo rosa) para otra dosis extra de vibraciones positivas.
- Mezcla de hierba dulce de Sequoia para facilitar el enraizamiento y la conexión con la naturaleza.
- Aerosoles esenciales de salvia blanca, avellano, cedro y romero (a menudo reforzados con turmalina negra) para rituales sagrados.

Utilizar solo agua para purificar y limpiar objetos, espacios y personas es una forma estupenda de tamizar todas las energías negativas. Limpiar con agua no solo es bueno para cuando necesita limpiar algo o a alguien, sino también cuando quiere disipar las energías contaminadas de otras personas. Por ejemplo, limpie antes de empezar si no quiere la energía de otra persona en una herramienta que prepara para un hechizo, ritual o ceremonia. Sin embargo, para este propósito, los aerosoles para limpiar funcionan mejor que el agua limpia. Del mismo modo, puede limpiar un espacio o a sí mismo con aerosoles cuando sienta que hay demasiada energía de baja vibración acumulada a su alrededor. Si interactúa regularmente con diferentes energías, haga un baño de sahumerio antes de acostarse o justo después de despertarse para tener una paleta energética más limpia durante el día.

Ingredientes:

- Aceites esenciales (utilice cualquiera de los aceites mencionados anteriormente o cualquier otro que prefiera)
- Otras esencias herbales o hierbas (tendrá que remojarlas o cocerlas en agua caliente y dejar que se enfríen antes de usarlas, en otras palabras, hacer una decocción)
- Agua destilada

- Alcohol puro
- Botella pulverizadora (de cristal o plástico)

Instrucciones:

1. Si utiliza aceites esenciales, vierta 1,7 onzas de agua en un vaso vacío y, a continuación, añada 20 gotas de aceites. De lo contrario, utilice sus decocciones.
2. Mezcle el alcohol con el agua o la decocción. El alcohol ayuda a que el líquido se evapore más rápido.
3. Vierta la mezcla/decocción en un difusor o en un pulverizador y, a continuación, rocíe la habitación, el espacio o la persona que desea limpiar mientras repite su intención.
4. Mientras lo hace, visualice la luz blanca que irradia el agua, rodeándolo todo para restablecer el equilibrio energético.

A la hora de purgar las energías negativas, es crucial encontrar la fuente de agua más pura. Este método utiliza agua destilada. No obstante, si tiene acceso a manantiales o arroyos naturales, no dude en utilizarlos. Su agua procede directamente de la naturaleza, por lo que su efecto seguirá siendo potente.

Sal y baños de sal

La sal es conocida por sus propiedades depurativas y se ha utilizado desde la antigüedad para purgar y limpiar las energías negativas. Mucha gente sigue utilizándola para protegerse de las energías negativas. Su efecto es servir de barrera contra las bajas vibraciones que puedan estar presentes. Por lo tanto, usar sal para limpiar su espacio, objetos personales, herramientas espirituales, e incluso a usted mismo, es una buena idea. Por ejemplo, esparcir sal por su espacio o colocarla en recipientes o bolsas puede ayudar a absorber la energía negativa. Como alternativa, también puede utilizar baños de sales para la limpieza energética. Los distintos tipos de sales tienen diversos beneficios. Por ejemplo, la sal común de mesa y la sal marina son las mejores para rituales de limpieza sencillos, la sal negra es un potente bloqueador energético y la sal rosa del Himalaya y la sal azul potencian la energía positiva. Asimismo, la sal en escamas es la mejor para disipar las vibraciones negativas y sustituirlas por positivas. No utilice sal para purificar objetos de plata porque puede causar óxido.

He aquí cómo utilizar la sal para limpiar los artículos o el espacio:
1. Llene un cuenco pequeño con sal.
2. Cuando limpie sus utensilios, colóquelos encima o debajo de la sal.
3. Déjelos toda la noche y recupérelos a la mañana siguiente. Tendrá un objeto limpio y con energía renovada.
4. Cuando limpie una habitación o una casa, mezcle sal con agua y rocíela por todo el espacio.

He aquí cómo limpiar su casa con sal:
1. Vierta una pequeña cantidad de sal en un cuenco y colóquelo en la puerta de entrada para impedir que la energía negativa entre en su hogar.
2. Retire todos los objetos de la zona que desea limpiar y quite el polvo de las esquinas alrededor de la habitación, luego espolvoree sal alrededor.
3. Asegúrese de que la zona permanece intacta durante un par de días. Mantenga a los niños y a los animales domésticos alejados de la sal.

Los beneficios de los baños de sal

En los baños, la sal puede combinarse con cualquier otro agente limpiador natural. Un baño de sal puede tener diferentes beneficios dependiendo de sus ingredientes y su intención. A continuación se enumeran algunos de ellos.

Un bálsamo para los nervios

Añadir hierbas a los baños de sal puede calmar los nervios irritados, restablecer el equilibrio de las hormonas que afectan al sistema nervioso y disminuir los efectos de los pensamientos y emociones negativos. Todo ello tiene una influencia saludable en su salud general. Digamos que llega a casa después de un día estresante. Se prepara un baño de sal y, en cuanto se sumerge en él, puede desconectar de todas sus preocupaciones y disfrutar de los efectos calmantes de la sal.

Reduzca los efectos de los estímulos estresantes

Tanto si se siente preparado para asimilar nueva información sensorial como si ya está agobiado por lo que está procesando en ese momento, a veces, los estímulos sensoriales no dejan de llegar, día tras día. Los entornos en los que se mueve, las personas con las que trata y los entretenimientos que consume están repletos de estímulos que afectan a su energía y estado mental. Los baños de sales pueden ayudar a reducir la huella energética de todas esas influencias que amenazan con alterar su equilibrio.

Eliminar toxinas

Sumergirse en la bañera con agua salada u otros ingredientes con efectos antioxidantes es mucho más eficaz que cualquier otro método de desintoxicación excesivamente publicitado. No se tarda nada en sacar agua y echar un poco de sal y hierbas calmantes como el romero, y tampoco hay que preocuparse por efectos no deseados. Pasar solo 20 minutos en una bañera cuando se sienta decaído eliminará todas las toxinas de su cuerpo, y su salud mejorará drásticamente.

Purgar su cuerpo energético

Los baños espirituales tienen un efecto terapéutico en el equilibrio de todo su cuerpo energético. Reemplazan la energía estancada o dañina por vibraciones positivas y elevan sus vibraciones. Las sales, los cristales y los aceites esenciales son esenciales para limpiar su cuerpo energético. Los aceites esenciales también le ayudarán a sustituir la energía estancada por energía renovada, especialmente si pasa al menos 25-30 minutos en remojo y relajándose en la bañera.

Fomentar el autoconocimiento

Los baños de sales son una herramienta fantástica para crear la atmósfera perfecta para la contemplación. Como ya se está relajando y limpiando en la bañera, también puede dedicar tiempo a hacer una pequeña investigación reflexiva sobre sí mismo. Puede reflexionar sobre su intención o pensar en sus objetivos y deseos. Esto último funciona mejor para establecer una conexión entre su intuición y su yo superior. Puede utilizar cualquier ejercicio para adquirir más conciencia de sí mismo y revelar sus deseos más íntimos.

Baño de agua salada para alejar la negatividad

Con el siguiente baño de sal, puede aliviar el estrés, el dolor y la fatiga, mejorar la circulación y limpiar el sistema de chakras. También es ideal para exfoliar el cuerpo, reducir la irritación de la piel e incluso curar heridas leves. Aunque la sal marina es la más eficaz para este fin, puede sustituirla por sal marina gruesa si no dispone de ella. Es un método sencillo y eficaz para asegurarse de que nunca le afectarán las interferencias negativas.

Ingredientes:
- Sal marina gruesa o de roca
- Aceite esencial de lavanda o árbol del té
- Un cubo
- Agua tibia

Instrucciones:
1. Asegúrese de que la bañera está limpia antes de darse un baño. De lo contrario, la energía negativa residual puede interferir en el ritual del baño. Tanto si quiere limpieza, protección o curación, la regla número uno es empezar con una pizarra limpia. Limpiar la bañera y el área circundante ayuda a eliminar las vibraciones no deseadas de su baño, permitiendo que el ritual de limpieza surta pleno efecto.
2. Vierta agua en un cubo hasta la mitad. Añada al agua, la sal y unas gotas de aceites esenciales. Remueva hasta que la sal se haya disuelto por completo. Mientras lo hace, establezca una intención clara. Tanto si quiere limpiar sus vías energéticas, resolver situaciones negativas en la vida, limpiar su cuerpo, mente y espíritu, o atraer influencias positivas a su vida, asegúrese de definirlo claramente en su mente antes incluso de empezar a preparar su baño.
3. Como alternativa, puede introducir música o meditación guiada. Escuchar música de meditación o cualquier otra música relajante o incluso una meditación guiada le ayudará a relajarse y potenciará los beneficios de la limpieza espiritual y los baños protectores. Alternativamente, puede cantar antes y después del baño, hay una razón por la que a algunas personas les encanta cantar en la ducha. Le ayudará a limpiar el espacio de las energías negativas que han salido de su cuerpo, mente y espíritu y los pondrá de mejor humor.
4. No debe concentrarse en su teléfono u otros dispositivos electrónicos mientras toma un baño de sales. Coloque el dispositivo que reproduce el audio fuera de su alcance.
5. Póngase de pie en la bañera y vierta lentamente el agua salada sobre su cuerpo, de la cabeza a los pies. Evite que el agua le entre en los ojos. Sienta cómo le limpia de negatividad.

6. Cuando haya terminado con el baño de sal, enjuáguese y lávese el pelo y el cuerpo con jabón y champú naturales. La sal puede resecar su piel y su cabello, por lo que ambos necesitarán reponerse con una buena crema hidratante.
7. Tómese su tiempo para reflexionar sobre cómo se siente antes y después de tomar los baños. No todos los baños de limpieza funcionan para todo el mundo. Para saber si uno en concreto le funciona, reconozca de antemano en qué necesita ayuda y observe el efecto. Compare sus resultados con cómo se sentía antes de tomarlo.
8. Puede repetir el baño de dos a tres veces por semana, dependiendo de lo afectado que esté por las energías negativas.

Cuando utilice aceites esenciales y hierbas, asegúrese de estar familiarizado con sus efectos. No todos son seguros para todo el mundo, sobre todo si tiene la piel sensible. Utilice solo los recomendados para baños. Si nota alguna reacción adversa con alguno de ellos, deje de utilizarlos en sus baños.

Visualización

La visualización con el ojo de la mente de una luz blanca o dorada que despeja el espacio es otra forma eficaz de limpiar sin humo ni sonido. La visualización consiste en imaginarse rodeado de luz blanca o de cualquier otro tipo de luz que le atraiga. Mientras visualiza la luz que le rodea, debe concentrarse en ella limpiando su aura y lavando cualquier negatividad. O también puede visualizar la luz entrando en su cuerpo y llenándole de positividad. Alternativamente, imagine la luz purgando objetos, espacios u otra persona. Todo depende de su propósito. El objetivo es aprovechar las partes creativas de su cerebro y dejar a un lado los pensamientos analíticos. Utilizar un método de visualización para limpiar algo o a alguien es una forma estupenda de hacer fluir su creatividad. Si no está acostumbrado a la visualización, es mejor que la practique primero durante unos días antes de intentar este ritual de limpieza en cualquier objeto o espacio.

Puede hacerlo sentándose al aire libre en un ambiente tranquilo, cerrando los ojos e imaginando que una luz blanca desciende del cielo y se instala a su alrededor. En cuanto empiece a sentir un cambio de energía, su proceso habrá tenido éxito. Cuanto más realice este ejercicio, más fácilmente le llegará la luz visualizada. También puede traer otros colores al ojo de su mente.

He aquí lo que significan los diferentes colores:
- **El blanco** denota pureza, paz, protección y serenidad.
- **El amarillo** se asocia con el intelecto, la fuerza y la energía.
- **El naranja** se relaciona con la suerte, la confianza y el éxito.
- **El rojo** simboliza la pasión, el deseo, el poder, la fuerza y la vitalidad.
- **El rosa** significa paz, apoyo emocional, compasión y afecto.
- **El morado** se atribuye a la sabiduría, la conexión espiritual y la protección.
- **El azul** denota seguridad, protección, tranquilidad y curación.
- **El verde** trae suerte, fortuna, prosperidad, abundancia, equilibrio y curación.
- **El negro** está relacionado con la protección energética, la unión y el rechazo de la negatividad.

Puede utilizar un color que resuene con usted o cuando necesite las propiedades asociadas a él. También puede intentar visualizar una combinación de estos colores para diseñar y crear la imagen perfecta. Por ejemplo, puede imaginar el color púrpura cuando limpie un objeto y desee eliminar la energía estancada. El mismo color también mejorará sus posibilidades de conectar con el mundo espiritual mientras realiza una técnica de adivinación. Por otro lado, el verde le permitirá canalizar la energía de la naturaleza durante los rituales de sanación. Visualice los tonos que mejor resuenen con su intuición y sus preferencias personales. Afortunadamente, no hay reglas fijas para la visualización. Si sus intenciones son puras y practica con diligencia, sus esfuerzos darán sus frutos.

Dicho esto, he aquí una guía rápida paso a paso para una visualización de limpieza:

1. Siéntese en un lugar tranquilo y cómodo, sin distracciones. Respire hondo, contenga la respiración brevemente y exhale. Repítalo dos veces más.
2. Ahora, cierre los ojos e imagine una luz blanca que rodea su cuerpo y se eleva hasta el cielo. En el fondo, puede sentir que esta luz limpiará su campo energético y eliminará cualquier energía negativa o no deseada.

3. Visualice esta luz cada vez más intensa y bulliciosa a medida que forma un gran orbe a su alrededor. Sube por su cuerpo, empezando por los pies y subiendo hasta la cabeza. Luego, entra en su cuerpo desde el chakra de la coronilla y pasa por cada uno de los siete chakras, uno por uno.
4. Imagine que esta luz fluye desde sus manos hasta el objeto que sostiene o el espacio que le rodea. Observe cómo la luz envuelve el objeto o el espacio y absorbe toda su energía negativa.
5. A continuación, visualice que esta luz se sumerge en el suelo, llevándose consigo la energía negativa. Respire profundamente unas cuantas veces y permítase relajarse con la certeza de que la negatividad ya no perturbará su energía ni la del objeto o espacio que está limpiando.
6. Una vez que se sienta completamente limpio, puede abrir los ojos y reanudar su trabajo espiritual o sus actividades cotidianas.
7. Al principio, puede que le lleve más tiempo canalizar toda la negatividad hacia la luz. Sin embargo, una vez que le coja el truco a este proceso, solo tardará unos minutos en limpiar lo que quiera con luz blanca o de cualquier otro color.

Limpieza con papel

La limpieza con papel es una alternativa única para limpiar, orientada a la purificación personal más que a la limpieza de espacios u objetos.

Ingredientes:
- Un trozo de papel
- Un bolígrafo
- Una varilla de incienso (opcional)
- Una vela blanca
- Cerillas
- Un cuenco o plato ignífugo (también puedes utilizar un cuenco con agua o un fregadero)

Instrucciones:
1. Encienda la vela y colóquese en una posición relajada.
2. Respire hondo varias veces y empiece a escribir lo que le venga a la mente. No intente concentrarse en nada, simplemente anote cualquier pensamiento o sentimiento que surja de forma natural.

3. Si utiliza incienso, enciéndalo e inhale su aroma. Deje que inunde su mente, cuerpo y espíritu.
4. A continuación, establezca una intención y concéntrese en ella.
5. Acerque el papel a la llama de la vela y quémelo sobre la superficie ignífuga para no crear peligro de incendio.
6. Visualice que la negatividad abandona su mente, cuerpo y espíritu y se pierde en el aire.
7. Termine su ritual con una oración, una meditación rápida o un ejercicio de respiración.

Capítulo 7: Cómo crear sus propios materiales

Aunque en el mercado hay todo tipo de materiales para hacer la limpieza, con tanta variedad abrumadora, no hay nada mejor que fabricar sus propios materiales. Para algunas personas, esto puede parecer una pérdida de tiempo y esfuerzo, pero aquellos que realmente han practicado el sahumerio, y otros rituales espirituales, saben la diferencia que pueden marcar los materiales personalizados. Si va al mercado, encontrará todo tipo de varitas para hacer la limpieza con diferentes hierbas y aceites esenciales. También abundan las soluciones líquidas, y los aceites esenciales se pueden encontrar en cualquier tienda local. Sin embargo, cuando usted elabora sus propias provisiones, tiene la libertad de utilizar las hierbas y los ingredientes que más le convienen, sin tener que conformarse con combinaciones prefabricadas. Puede experimentar con todo tipo de hierbas y elegir las que se ajusten a su intención. También puede evitar las hierbas y aceites a los que es alérgico y los que simplemente no le gustan. Hay demasiados pros y pocos contras para que no se anime a hacer sus propios productos. Además, elaborarlos no es nada difícil y puede dominarse fácilmente. Este capítulo le proporcionará instrucciones para crear diferentes materiales para hacer sahumerios, desde palitos para hacer sahumerios hasta abanicos para hacer sahumerios y mezclas de aceites esenciales.

Cómo fabricar bastoncillos para sahumerio

El elemento principal que necesita para un ritual de purificación es, por supuesto, una varita de purificación. Fabricar un bastoncillo es una tarea bastante sencilla, sobre todo si tiene experiencia en manualidades. Antes de reunir los suministros, tendrá que determinar la longitud, el grosor y los tipos de hierbas que utilizará para el bastón. También necesitará cuerdas para atar el manojo. El grosor y la longitud de los bastoncillos de incienso dependen enteramente de usted. Puede hacer bastoncillos grandes con un grosor de unos cinco centímetros y una longitud de 30 centímetros.

Si prefiere bastoncillos más pequeños y delicados, puede reducir el grosor a 1 pulgada y la longitud a 3 pulgadas. La gente suele preferir palos más grandes cuando se trata de sahumar un área grande, ya que estos haces arden lentamente. Por otro lado, si solo tiene que limpiar una habitación pequeña o a una persona, entonces un manojo más pequeño funcionará bien. Si es la primera vez que hace bastoncillos, es mejor tener variedad, así que haga bastoncillos gruesos y finos por si acaso. Los más finos son ideales para viajar o para regalar a alguien. Los más grandes funcionan mejor para despejar espacios más grandes, como una casa entera o un terreno.

Elegir algo tan sencillo como el cordel que unirá el bastoncillo para hacer la limpieza tiene su importancia. Al encenderlo, el cordel arderá junto con el resto del manojo, por lo que debe estar hecho de materiales naturales, como cáñamo o algodón. No utilice cuerdas de plástico, ya que liberan sustancias químicas tóxicas al arder. El color de la cuerda es decisión suya. Algunas personas las tiñen de diferentes colores, mientras que otras utilizan cuerdas sencillas sin teñir. La longitud tiene que ser mucho mayor que la de los bastoncillos, ya que se enrollará varias veces alrededor del manojo y luego se atará para asegurarlo. Aunque el resto de factores, como el grosor, el color y la longitud del bastoncillo, dependen totalmente de usted, lo que no es negociable es que el bastoncillo esté bien sujeto. Las hierbas suelen secarse y encogerse, lo que hace que se deshagan. Para evitarlo, hay que envolverlo bien con el cordel. Estos son los materiales que necesitará para confeccionar su bastoncillo:

- Las hierbas de su elección, puede elegir de la lista proporcionada en los capítulos anteriores, pero no está limitado solo a esas hierbas.

- Un cordel natural, ya sea de colores o sencillo, evita utilizar cordeles sintéticos.
- Un par de tijeras, afiladas.

Una vez que tenga sus suministros, siga estos sencillos pasos:

1. Reúna sus provisiones y busque una superficie plana para colocarlas. Comience separando las hierbas y disponiéndolas por orden de longitud y grosor. Si utiliza una combinación de hierbas, colóquelas de forma que resulten atractivas a la vista. Asegúrese de no utilizar demasiadas variedades en un mismo bastoncillo, ya que las propiedades espirituales de cada hierba podrían no complementarse con las de las demás. En su lugar, limítese a un máximo de cinco hierbas por bastoncillo para mantener el equilibrio. Si utiliza pétalos de rosa, colóquelos en la parte superior del manojo para crear un bastoncillo atractivo. Mantenga las hierbas más cortas en el exterior, mientras que las más largas deben colocarse de manera que queden en el interior del bastoncillo.

2. Prepare las cuerdas cortándolas a la longitud adecuada para cada bastoncillo, que debe ser al menos cinco veces mayor que la longitud del manojo de hierbas. Las cuerdas se utilizarán para tejer un patrón dentro de los bastoncillos; por lo tanto, deben ser lo suficientemente largas. Guarde suficientes cuerdas para atar todos sus bastoncillos de sahumerio.

3. Sujete el manojo de hierbas con las manos y haga un nudo en los tallos para asegurarlos. Enrolle el cordel alrededor de este nudo unas cuantas veces antes de llevar el cordel desde la base de los tallos hasta la punta del manojo mientras sujeta el manojo con una mano. A continuación, invierta el ángulo y devuelva el hilo a la base del manojo. Haga esto varias veces hasta que obtenga un patrón entrecruzado, como el que se ve en muchos palos para sahumar.

4. Cuando haya terminado de hacer el patrón, haga otro nudo para asegurar la envoltura. Para que el bastoncillo quede más sujeto, puede hacer unos bucles con el cordel en la base de los tallos y los mismos bucles en la parte superior del manojo. Puede crear muchos otros patrones usando su creatividad o buscándolos en internet.

5. Una vez terminados, coloque los bastoncillos en un lugar a la sombra para que se sequen. Puede secar los bastoncillos de dos maneras. Puede colocarlos en una rejilla o pantalla de secado con un buen espacio de circulación de aire o colgarlos de un estante de cocina o cualquier otro lugar colgante. Solo asegúrese de mantenerlos alejados del sol para que haya poca o ninguna luz donde los seca. Sin embargo, la circulación de aire es esencial. Estarán listos para usar en unos 10 días.

Cómo hacer un abanico para sahumerios

Lo siguiente en la lista de materiales para hacer la limpieza es el abanico para hacer la limpieza y, al contrario de lo que pueda parecer, hacer abanicos para hacer la limpieza tampoco es un proceso difícil. Solo necesita creatividad, plumas y elementos decorativos para crear un abanico para sahumar muy elaborado. A la hora de fabricarlos, el cielo es su límite creativo. Algunos de los elementos que se suelen utilizar para hacer abanicos para sahumerios son cuentas, cristales, conchas, ramitas, cuerdas y bolsas de cuero. De hecho, puede utilizar cualquier elemento de la naturaleza que le guste y que pueda sujetarse al abanico, ya sean ramitas, piñas o incluso hojas. Se han hecho abanicos de temática oceánica, con hermosas conchas y vegetación marina seca adornando la superficie. También son comunes los abanicos de temática forestal, con astas, ramitas y pequeñas piñas.

También puede decorar su abanico con plumas de colores brillantes, borlas y cristales. Incluso puede utilizar una sola pluma adornada con un cristal como abanico para sahumar. El uso de un abanico durante el ritual influye significativamente en el proceso, en comparación con el uso de la mano para agitar el humo. Le aporta energía luminosa al humo y garantiza que la energía de la limpieza llegue a todos los rincones de la habitación. Puede utilizar plumas de pájaro reales recogidas en la naturaleza o plumas artificiales para fabricar su abanico. Según las tradiciones antiguas, los abanicos para sahumerio se hacían con el ala entera de un águila, por lo que el concepto de abanico para sahumerio es replicar el ala de un pájaro. Estos son los materiales que necesitará para su abanico:

- Plumas variadas (recogidas en paseos por la naturaleza o compradas en una tienda de manualidades)
- Rama pequeña y resistente, madera flotante o un trozo de madera (de 5 a 10 cm de largo)

- Pistola de pegamento
- Cordón de cuero u otro material de preferencia

Elementos decorativos como cristales, cuentas pequeñas, talismanes personales u otros elementos atractivos. Cuando tenga todos los materiales listos, siga estos sencillos pasos:

1. Reúna los materiales en una superficie grande y plana, idealmente una encimera de cocina o una mesa de manualidades. Utilice una pistola de pegamento para pegar los adornos, así que tenga cuidado de proteger la superficie del pegamento caliente.

2. Divida los materiales en cuatro partes, coloque las plumas en un lado, los elementos decorativos en otro y la rama que servirá de base y la pistola de pegamento en el centro.

3. En primer lugar, debe disponer las plumas para el abanico. Empiece separando las plumas por tamaño y color. Se sugiere que utilice plumas del mismo color para el abanico, pero también puede ser creativo.

4. Coloque las plumas más grandes detrás y las más pequeñas delante. La disposición debe parecerse al ala de un pájaro. Asegúrese de que todas las plumas estén orientadas en la misma dirección.

5. Cuando acabe de colocar las plumas, coja la rama y decida qué lado del palillo se utilizará como parte delantera del abanico. A continuación, aplique cola a la base y pegue las plumas, de una en una.

6. Siga pegando las plumas una al lado de la otra y luego una encima de la otra hasta que el abanico tenga suficientes alas.

7. Ahora, tome el cordón de cuero y enróllelo alrededor de la rama, total o parcialmente. Esto depende de usted. Utilice pegamento para fijar firmemente el cuero a la madera.

8. Por último, seleccione los adornos que desea utilizar y visualice el diseño que desea crear. Antes de pegar los elementos en el abanico, colóquelos primero en las posiciones previstas y compruebe si el abanico queda bien. A continuación, pega cada elemento en las plumas.

¡Su abanico para sahumar está listo! Colóquelo en su altar, junto con el resto de los suministros para la purificación. Si viaja y tiene que llevar el abanico, embálelo bien de antemano, ya sea con plástico de burbujas o con láminas de plástico.

Limpieza líquida

La limpieza líquida es una de las formas más sencillas de eliminar la energía negativa de su espacio y reponer la esencia positiva de su entorno. Muchos de ustedes habrán optado por la limpieza líquida, ya que no requiere mucho esfuerzo ni humo. ¿Y lo mejor? Puede preparar su propia mezcla de sahumerios líquidos eligiendo entre una selección de aceites esenciales. O bien, puede seguir la siguiente receta para hacer una mezcla líquida de lavanda, salvia blanca y otras hierbas poderosas.

Estos son los materiales que necesitará:

- 15 gotas de aceite esencial de cedro
- Botella de 4 onzas
- 15 gotas de aceite esencial de lavanda
- 4 onzas de agua pura
- 25 gotas de aceite esencial de salvia blanca.

Una vez que haya reunido los materiales, el resto de los pasos son bastante sencillos:

1. Lave y seque su botella para asegurarse de que no haya impurezas en la mezcla.
2. Añada los aceites esenciales al agua y mézclelos bien.
3. Vierta esta solución en la botella de 4 onzas y ciérrela.

La mezcla líquida está lista para su uso. Agite siempre el frasco antes de cada aplicación. Para experimentar con la receta, puede cambiar el aceite base, que es aceite esencial de salvia blanca. Es mejor evitar añadir demasiados aceites esenciales diferentes a la solución si no quiere deshacerse del tono principal de la mezcla. Otros aceites esenciales que combinan bien con la salvia blanca son:

- Incienso
- Aceite de limón
- Naranja silvestre
- Tilo

- Geranio
- Cedro
- Sándalo

Si quiere hacer una mezcla más potente, puede añadir un poco de sal marina sin procesar a la mezcla, ya que se dice que amplifica el efecto de la limpieza del espacio. También puede añadir un pequeño cristal a la botella de líquido para sahumerio. Para ello, primero debe cargar el cristal dejándolo reposar en un recipiente con agua bajo la luz solar directa durante tres días. A continuación, puede utilizar este cristal cargado con energía solar, e incluso el agua, en su mezcla para hacer la limpieza. Esto añadirá la energía ardiente del sol a su mezcla y la hará aún más eficaz para disipar las energías negativas de sus espacios.

Por supuesto, debe asegurarse de que el cristal es lo bastante pequeño para caber dentro de la diminuta botella. Si no es así, puede utilizar el agua cargada de cristal para la mezcla. Esto se debe a que el agua tiene memoria y puede transportar vibraciones dentro de su medio. Así que, cuando la deje cargar utilizando la energía del cristal durante varios días, contendrá las energías positivas transportadas por el cristal. Otra alternativa es utilizar agua de flores, que es básicamente una mezcla de diferentes esencias y aromas florales en una base de alcohol.

Esta mezcla es muy popular para crear diferentes mezclas de aceites esenciales u otras soluciones holísticas. Muchos chamanes la utilizan para limpiar y purificar su energía y para proteger y conectar a tierra sus auras. De hecho, puede utilizarla sin ningún otro añadido para limpiar su espacio de esencias negativas, pulverizándola en el aire. Esto es especialmente útil cuando se está en movimiento, en un nuevo espacio, o simplemente no puede prepararse para un ritual de limpieza completo.

Mezclas de aceites esenciales

Además del sahumerio líquido, puede crear algunas mezclas de aceites esenciales para su difusor de aromaterapia. La única diferencia entre los dos es la adición del agua, seguida por el proceso de rociadura. Al usar un difusor, no hay mucho de qué preocuparse; ¡apenas ponga estas mezclas del aceite esencial en el difusor y déjelo hacer su trabajo!

Solo necesitará dos materiales para crear sus mezclas de aceites esenciales; una botella pequeña (preferiblemente de cristal oscuro) y su selección de aceites esenciales. Mezcle los aceites esenciales y viértalos en la botella de cristal para hacer la mezcla. Deberá guardar estas mezclas lejos del calor y la luz solar, ya que pueden debilitar su potencia. A continuación, encontrará algunas recetas fáciles de mezclas de aceites esenciales, perfectas para promover la energía curativa y proteger su espacio de la energía negativa:

Mezcla de aceites esenciales de limpieza:

Esta mezcla se puede utilizar para limpiar energías extremadamente tóxicas y negativas de su espacio y su aura. Si le parece demasiado intensa, puede probar primero las otras recetas. También puede optar por no utilizar todos los aceites esenciales mencionados en la receta y limitarse a dos o tres de las opciones mostradas. Vierta las mezclas de aceites esenciales en el recipiente del difusor y disfrute de la fragancia:

- 15 gotas de aceite esencial de limón
- 5 gotas de aceite esencial de pino o enebro
- 10 gotas de aceite esencial de menta
- 5 gotas de aceite esencial de eucalipto
- 20 gotas de aceite esencial de lavanda
- 20 gotas de aceite esencial de romero
- 5 gotas de aceite esencial de geranio rosa (opcional)

Esta mezcla limpia y atrae las buenas energías:

Esta armoniosa fusión de aceites esenciales puede hacer maravillas a la hora de purificar el entorno y atraer energía positiva sin esfuerzo. Esta mezcla puede crear una atmósfera acogedora y revitalizante en la que prosperen la frescura y la positividad.

- 25 gotas de aceite esencial de limón
- 15 gotas de aceite esencial de pomelo
- 10 gotas de aceite esencial de menta (opcional)
- 30 gotas de aceite esencial de mandarina
- 15 gotas de aceite esencial de lavanda

Si el proceso de contar las gotas para su mezcla le produce ansiedad, tenga la seguridad de que es habitual pecar de añadir más en lugar de menos. No hay por qué preocuparse, porque difícilmente se equivocará. Así que respire hondo, relájese y deje que el difusor haga su magia. Si siente que el aroma no es lo suficientemente fuerte, simplemente detenga el difusor y añada un par de gotas más de aceite esencial. Así de sencillo.

A la hora de elaborar sus propios materiales para la purificación, hay algo realmente especial en hacerlo usted mismo. No solo le permite añadir un toque personal e impregnar sus intenciones con su personalidad, sino que también aporta una energía totalmente diferente en comparación con los productos comprados en la tienda. Recuerde que debe darles el respeto que se merecen cuando guarde sus materiales para sahumar. Busque un lugar acogedor en su altar o en otro espacio sagrado para guardarlos. Si los trata con cuidado, mantendrá su energía intacta y se asegurará de que estén listos para aportarle magia cuando los necesite. Cuando se toma el tiempo de crear sus propios materiales para la limpieza y guardarlos con respeto, está creando un vínculo especial con las herramientas de su práctica espiritual.

Capítulo 8: Métodos de protección psíquica

Su energía está constantemente bajo ataque porque la gente que le rodea puede enviarle vibraciones negativas, consciente o inconscientemente[64]

Puede que no sea consciente de ello, pero su energía está constantemente bajo ataque. La gente que le rodea puede enviarle vibraciones negativas, consciente o inconscientemente. Algunos pueden hacerlo para dañarle a usted o a sus seres queridos mental, física o espiritualmente. Incluso las personas más cercanas a usted pueden albergar en secreto sentimientos de ira, celos o resentimiento hacia usted.

Esta energía negativa puede perturbar su tranquilidad e impedir que le lleguen bendiciones. No debe ser vulnerable a los ataques psíquicos. Puede utilizar varias técnicas con el sahumerio para protegerse de la negatividad y de todas las personas que quieren causarle daño.

Este capítulo le explicará cómo identificar los ataques psíquicos y le proporcionará técnicas para defenderse en estas situaciones.

Señales de que sufre ataques psíquicos

Algunas aflicciones físicas y mentales no son médicas. Si se somete a un chequeo, se hace todas las pruebas necesarias y no encuentra nada malo, es posible que esté bajo ataques psíquicos. Identificar los síntomas de estos ataques le dará una idea de a qué se está enfrentando para que pueda tomar precauciones para protegerse.

Mala suerte

Si es víctima de ataques psíquicos, sentirá que está maldito o que está experimentando una serie de mala suerte. La energía y las entidades negativas afectan a su aura y bloquean sus chakras, atrayendo experiencias negativas e impidiendo que la buena fortuna entre en su vida. No importa lo que haga, nada sale como usted quiere. A veces puede parecer que es la persona con menos suerte del planeta. Su vida será caótica. Se peleará constantemente con sus seres queridos, empezará a actuar de forma diferente y no será capaz de reconocerse a sí mismo.

Pesadillas

Cuando duerme, se encuentra en su estado más vulnerable, y su campo áurico puede ser susceptible a la energía negativa. Las pesadillas, la parálisis del sueño o los terrores nocturnos son a menudo signos de ataques psíquicos. Las pesadillas pueden ser tan vívidas que le aterrorizan. La situación puede ser tan grave que temerá irse a dormir, lo que le hará sentirse agotado al día siguiente.

Agotamiento

La energía negativa le agota mental, física y emocionalmente, haciendo que se sienta constantemente agotado. Perderá la chispa y no tendrá ganas de perseguir sus objetivos. Ni siquiera tendrá energía para levantarse de la cama. En casos graves, esto puede llevar al aislamiento y a la depresión.

Pensamientos negativos

Naturalmente, la energía negativa dará lugar a pensamientos negativos. Estos pensamientos pueden ser muy intrusivos, dando lugar a fobias y miedos inexplicables. La energía negativa manipulará sus pensamientos y emociones y creará falsas narrativas para distorsionar su realidad.

Miedo constante

La energía negativa es como un cazador que quiere atraparle en su momento más vulnerable. Por lo tanto, jugará con sus miedos e incluso los exagerará en su mente para convertirle en una presa fácil.

Ser observado

Si constantemente siente que alguien le observa hasta el punto de hacerle sentir paranoico, está bajo ataques psíquicos.

Dones

Extrañamente, puede experimentar síntomas emocionales, mentales o físicos extraños después de recibir un regalo de alguien.

Accidentes

Los ataques psíquicos pueden hacerle propenso a los accidentes. La gente experimenta pequeños accidentes de vez en cuando, como caerse en el baño, dejar caer y romper un vaso de agua o derramarse café encima. Sin embargo, si experimenta estos accidentes más de lo habitual y empieza a sentir que algo no va bien, podría estar influenciado por ataques psíquicos.

Perder cosas

¿Quién no pierde sus cosas? Seguro que ha perdido más calcetines blancos de los que puede contar. Sin embargo, si últimamente usted extravía la mayoría de sus objetos, como el móvil o el portátil, es posible que la energía negativa le haya afectado.

Indecisión

¿Últimamente le cuesta tomar decisiones? Los ataques psíquicos pueden hacer que le resulte difícil aprovechar su intuición para actuar o tomar las decisiones necesarias.

Dolor y enfermedad

Si no sufre ningún problema médico y, sin embargo, se pone enfermo o experimenta un dolor agudo, podría sufrir ataques psíquicos.

Pesadez

Las emociones negativas son una carga difícil de llevar. Los ataques psíquicos pueden hacerle sentir como si llevara el peso del mundo sobre sus hombros.

No se puede negar que los síntomas de los ataques psíquicos pueden ser a la vez frustrantes y aterradores. Por suerte, existen técnicas efectivas que puede practicar con el sahumerio para protegerse de estos ataques de una vez por todas.

Conexión a tierra

La conexión a tierra, también llamado técnica de enraizamiento, es un proceso en el que conecta su cuerpo con la tierra para sentirse arraigado a la madre naturaleza y aportar equilibrio y estabilidad a su cuerpo y a su vida. También es una técnica de meditación que le permite ser consciente de lo que le rodea y centrarse en el aquí y el ahora, de modo que no se preocupe por los pensamientos negativos. La conexión a tierra es un remedio eficaz contra muchos síntomas de ataques psíquicos como la ansiedad, el estrés, el miedo, el olvido y la sensación de agobio. Estas técnicas también le conectan con su cuerpo y sus cinco sentidos para que se concentre en su interior y acalle los pensamientos negativos.

Los ejercicios de conexión a tierra le dan control sobre su energía para desbloquear sus chakras y permitir que la energía positiva fluya a través de usted y sane su cuerpo, mente y espíritu. La conexión a tierra revertirá el efecto de los ataques psíquicos, haciéndole más seguro, confiado, equilibrado y energético, y mejorará su sueño.

Dado que a diario interactúa con diferentes personas, nunca puede saber de dónde vendrá el próximo ataque. Necesita protegerse de esta experiencia potencialmente negativa. Varias técnicas de conexión a tierra pueden actuar como escudos para que pueda vivir su día a día sin preocuparse por la energía negativa de los demás.

Técnica de conexión a tierra

Instrucciones:

1. Busque un lugar tranquilo al aire libre, como su jardín o patio trasero, o puede ir al parque o a cualquier lugar en un entorno natural.
2. Permanezca de pie, descalzo y con los dos pies tocando el suelo.
3. Inspire y espire lenta y profundamente durante un par de minutos.

4. Cierre los ojos y visualice raíces que salen de sus pies y llegan hasta el suelo. Se extienden hasta el núcleo de la tierra.

5. Ahora, libere la energía negativa de su mente y su cuerpo a través de las raíces y hacia la tierra.

Técnica de protección de la conexión a tierra

Instrucciones:

1. Sitúese o póngase de pie en un lugar tranquilo y alejado de distracciones.

2. Respire lenta y profundamente unas cuantas veces.

3. Cierre los ojos e imagine que le rodea una gran bola protectora de luz blanca que cubre todo su cuerpo como si le abrazara para mantenerle a salvo de cualquier daño.

4. Llene la bola de energía positiva, luz, alegría, amor y otras emociones cálidas.

5. A continuación, imagine entidades oscuras, emociones y pensamientos negativos como flechas que le atacan desde todas las direcciones.

6. Si esta imagen le pone tenso, mantenga la respiración tranquila y cálmese.

7. Ahora, imagine que las flechas rebotan en la bola blanca. Se siente seguro y protegido. Nada en este mundo puede hacerle daño.

La técnica del 5, 4, 3, 2 y 1

Se trata de una técnica sencilla que consiste en enumerar diferentes objetos de su entorno que puede experimentar con sus cinco sentidos, empezando del cinco al uno.

Instrucciones:

1. Siéntese en una posición cómoda y miré a su alrededor.

2. Enumere en su cabeza cinco objetos que pueda ver.

3. Cuatro objetos que pueda oír.

4. Tres objetos que pueda sentir o tocar.

5. Dos objetos que pueda oler.

6. Un objeto que pueda saborear.

Técnica de respiración

Instrucciones:

1. Inspira profundamente mientras cuenta hasta cuatro.
2. Aguante la respiración durante siete segundos.
3. Espira lentamente contando hasta ocho.

Sienta cómo se mueve su cuerpo con cada respiración y preste atención a sus sensaciones. Manténgase presente en el momento y note cómo cambia su cuerpo al inhalar, contener la respiración y exhalar.

Blindaje

El blindaje es una técnica que le protege de las energías intrusivas y negativas. Usted coloca un escudo de energía invisible a su alrededor para mantenerse a salvo y evitar que los ataques psíquicos lleguen a usted. Debe practicar las técnicas de blindaje siempre que se sienta cansado, agotado y emocionalmente desequilibrado.

La idea del escudo puede parecer de otro mundo, y es posible que piense que necesita ser psíquico o tener habilidades especiales para protegerse. Sin embargo, este proceso es sencillo y cualquiera puede practicarlo. Está hecho de energía, así que piense en este escudo como una extensión de usted mismo. Es una parte de usted que siempre le rodea mientras le mantiene a salvo.

Al igual que establecer límites con las personas, un escudo filtra todos los tipos de energía con los que se trata a diario y filtra la mala energía, dejando entrar solo la energía positiva y cálida. Así, nadie puede invadir su campo energético sin su permiso.

Hay varias técnicas de blindaje que puedes practicar fácilmente, y todas son igual de efectivas.

Visualización de blindaje

Instrucciones:

1. Busque un lugar tranquilo y siéntese en una posición cómoda.
2. Respire lenta y profundamente, e imagine que está liberando la tensión y el estrés de su cuerpo con cada respiración.
3. Siga respirando hasta que se sienta relajado.
4. Cierre los ojos y piense en crear un escudo a su alrededor para proteger su energía.

5. El escudo estará hecho de luz cálida y azul, ya que el color simboliza la protección.
6. Ahora, establezca una intención. Puedes decir algo como: *"Tengo la intención de crear un escudo hecho de sabiduría, luz y amor divino para mantenerme a salvo de entidades negativas y energía intrusiva"*.
7. A continuación, visualice múltiples espejos orientados hacia el exterior, rodeándole por todos lados, por encima y por debajo de usted. Cualquier energía negativa que intente acercarse a usted será reflejada por los espejos.
8. Ahora ha creado un escudo de energía que está sellado desde todas las direcciones, manteniéndole a salvo en todo momento y evitando que cualquier negatividad se acerque a usted.
9. Ahora, establezca otra intención de que solo permitirá que la energía y las emociones positivas entren a través del escudo. Puedes decir algo como: *"Establezco la intención de que solo la alegría, el amor y las emociones y pensamientos positivos pasen a través de mi escudo"*.
10. Visualice un cristal de cuarzo rosa que irradia una luz cálida y rosada. La luz le rodea, le abraza y le hace sentir amado y protegido.
11. Ahora, su escudo energético está completo. Siéntese durante un par de minutos mientras piensa en su intención. Disfrute de la sensación de protección.
12. Memorice cómo se siente el escudo y piense en esta sensación siempre que esté cerca de personas negativas.

Meditación del jaguar

En diferentes culturas, el jaguar es un símbolo de protección.

Instrucciones:

1. Siéntese en una posición cómoda en un espacio tranquilo.
2. Para que esta técnica funcione, debe estar tranquilo y relajado. Puede poner unas gotas de aceite esencial en un difusor y colocarlo donde vaya a practicar esta técnica para mantener la calma y reducir el estrés. También puede practicar el ejercicio de respiración 5, 4, 3, 2 y 1.

3. Una vez que se sienta calmado, cierre los ojos e invoque el poder del jaguar para que lo rodee con su protección.
4. Prepárese para aceptar el amor sanador y protector del animal y para sentirlo con cada parte de su ser.
5. Visualice al jaguar entrando en su campo energético, protegiéndole y manteniendo su energía a salvo de entidades negativas y energía no deseada.
6. Siga visualizando al jaguar y concéntrese en él. Observe la forma en que se mueve con poder, confianza y gracia.
7. El jaguar corre a su alrededor en círculos, creando un escudo protector y haciéndole sentir en paz porque sabe que nada puede penetrar este escudo.
8. Termine la meditación dando gracias al jaguar por su protección.

Trabajo energético

El trabajo energético, también conocido como curación energética, es una práctica que implica el uso del chi o fuerza vital energética para desbloquear sus chakras y traer armonía, equilibrio y energía curativa a su vida. El trabajo energético incluye varias técnicas como el tapping, el masaje, los ejercicios de respiración, los cristales curativos, la reflexología, la acupuntura, la terapia de luz, el reiki y el sahumerio. Usted puede practicar algunas de estas técnicas, mientras que otras, como la acupuntura y el reiki, requieren la intervención de un profesional.

Ejercicios de respiración

Instrucciones:

1. Colóquese en una posición cómoda y coloqué la mano derecha sobre el vientre.
2. Sienta cómo se expande su vientre al inhalar y sienta cómo se libera el aire de su vientre, vaciándolo al exhalar.
3. Coloque la mano izquierda sobre las costillas y respire profundamente. Sienta cómo se expanden las costillas al tiempo que se ablanda el vientre.
4. Mueva la mano izquierda hacia la parte superior del pecho. Inspire sintiendo cómo se ensancha el pecho, se expanden las costillas y se ablanda el vientre.
5. Expire y deje salir toda la negatividad.

6. Repita estos pasos de tres a diez veces antes de cualquier ritual de limpieza.

Meditación con cristales

Instrucciones:

1. Elija los cristales adecuados para usted (en el capítulo siguiente se explicará este proceso en detalle).
2. Establezca una intención. Diga algo como: *"Tengo la intención de usar esta meditación para liberar energía negativa y protegerme de ataques psíquicos".*
3. Ponga música relajante para mantener la calma.
4. Siéntese en una posición cómoda y sostenga un cristal en la mano derecha y coloque los otros a su alrededor. Puede tumbarse si lo prefiere y colocar los cristales sobre su cuerpo.
5. Respire lenta y profundamente.
6. Cierre los ojos e imagine que los cristales irradian una luz cálida y protectora que le rodea y le mantiene a salvo.
7. Siéntese con esta sensación hasta que se sienta protegido.

Guías espirituales

Los guías espirituales son entidades energéticas que proporcionan orientación y apoyo. Todas las personas tienen uno, y si no lo ha sentido, es que aún no han conectado con usted. Siempre están cerca ayudándole, aunque no se los pida. Pueden enviarle mensajes a través de sueños, símbolos o situaciones extrañas que usted puede considerar coincidencias. Si conecta con su espíritu guía, podrá descifrar los mensajes que le envían.

Su espíritu guía puede ser un ángel, un animal, un pájaro o un antepasado fallecido. Es poderoso y puede protegerle contra todo tipo de ataques psíquicos. Conectar con ellos le facilitará pedir su ayuda siempre que necesite protección.

Conexión con su guía espiritual

Instrucciones:

1. Cree un espacio sagrado como la construcción de un altar, o simplemente elija una habitación tranquila y límpiela.
2. Establezca la intención de practicar esta técnica para comunicarse con su guía espiritual.
3. Cierre los ojos y pida a su guía espiritual que se una a usted.

4. Respire profundamente varias veces y despeje la mente. Concéntrese únicamente en su guía espiritual.
5. Diga: "*Bienvenido, mi guía espiritual; por favor, dame una señal de que estás aquí*".
6. Oirá una voz, verá una imagen, olerá un aroma o tendrá una sensación cuando estén aquí. Mantenga la mente abierta y captará algo. Puede que esto no ocurra inmediatamente, y puede que tenga que repetir esta técnica unas cuantas veces hasta que pueda comunicarse con ellos con éxito.
7. Una vez que note su presencia, pida su ayuda para que le proteja contra los ataques psíquicos mientras realiza un ritual de limpieza.
8. Puede ver una imagen de luz blanca rodeándole y protegiéndole o simplemente sentirse protegido. Su guía le mostrará de alguna manera que le mantiene a salvo.
9. Cuando se sienta protegido, agradezca a su espíritu guía su ayuda y abra lentamente los ojos.

Sahumerios

Puede practicar técnicas de sahumerio para protegerse contra los síntomas de ataques psíquicos.

Instrucciones:

1. Quemar salvia en un cuenco metálico.
2. Deje que arda hasta que suelte un humo espeso.
3. Sujete la salvia y límpiese, empezando por la cabeza y bajando por todas las partes del cuerpo.
4. Imagínese que la energía negativa se separa de usted y que el humo le protege.
5. Deje que la salvia termine de arder.

Dificultades frecuentes al hacer la limpieza

Algunos desafíos y obstáculos comunes pueden surgir al practicar el sahumerio para la protección psíquica. No puede protegerse a menos que silencie estos pensamientos y crea en el poder de este ritual.

Escepticismo de los demás

Algunos de sus familiares o amigos pueden pensar que es extraño que utilice humo para protegerse de los ataques psíquicos. Pueden burlarse de usted o mostrarse escépticos. En cualquier caso, no debería importarle lo que piensen los demás. Ámelos y respételos, pero comprenda que cada persona tiene sus propias creencias. Probablemente, crean en cosas con las que usted no está de acuerdo, pero usted respeta esas diferencias, y ellos también deberían hacerlo.

Sin embargo, si su escepticismo le molesta, puede mostrarles la historia del sahumerio y cómo ha sido un método eficaz para la protección psíquica durante siglos. También puede mostrarles toda la investigación científica que demuestra que el humo tiene fuertes propiedades curativas.

Tanto si empiezan a creer como si no, recuerde que no tiene nada que demostrar a nadie.

Dificultades con la visualización

La visualización es una parte importante de los métodos de protección psíquica. Sin embargo, esta técnica no resulta fácil para todo el mundo. Unos simples consejos pueden encender su imaginación para que pueda crear imágenes en su mente.

- Si le cuesta visualizar una imagen concreta, intenté evocar un acontecimiento de su pasado. Piense en los sonidos, olores y sentimientos asociados a él y siga concentrándose en ellos hasta que vea una imagen.

- A veces, un olor puede traernos fácilmente una imagen a la mente. Por ejemplo, el olor de la comida de su abuela le hará imaginársela a ella y a su casa. El sonido de la campana del colegio puede evocarle imágenes de sus amigos de la infancia.

- Utilice canciones, imágenes, olores, comida e incluso objetos que pueda tocar: algo que le recuerde a una persona o un acontecimiento de su vida. Cada vez que aparezca una imagen en su cabeza, presione el pulgar. Con el tiempo, esto puede convertirse en un ancla, algo que utilice para entrar en la zona de visualización.

Duda de sí mismo

- Puede que no crea en sí mismo ni en sus capacidades. Piensa que no es capaz de protegerse de los ataques psíquicos. Creer en sí mismo, viene del interior; llegué al fondo del problema de la duda para abandonarla.

- Pruebe a escribir un diario. Piense por qué duda de sí mismo y escriba todos los pensamientos y sentimientos que experimenta. Cuanto más escriba, más fácil le resultará llegar al origen de sus dudas.

- Cuando descubra el origen, hágase más preguntas, como si sus dudas son razonables o si puede controlar los pensamientos que le frenan.
- Las dudas tienen su origen en los pensamientos negativos. A estas alturas, ya sabe que estos pensamientos no se basan en nada real. En el caso de los ataques psíquicos, los pensamientos negativos que experimenta no son suyos. Se le transfieren de otra persona. Puede utilizar toda la información que tiene sobre los pensamientos negativos para librarse de ellos. Una vez que estos pensamientos desaparezcan, también lo harán sus dudas.

Los ataques psíquicos son graves y pueden afectar a todos los aspectos de su vida. Sin embargo, el sahumerio y todas las técnicas de este capítulo pueden protegerle y mantenerle a salvo en todo momento.

Capítulo 9: Los cristales y la depuración

Los cristales son piedras hermosas, coloridas y poderosas. Provienen del polvo de estrellas, la lava, los minerales y otros recursos naturales. Los cristales contienen energía, y como todo ser humano está hecho de energía, puede intercambiar sus vibraciones negativas con la energía positiva de los cristales.

La sabiduría y el conocimiento de los cristales suelen ser más espirituales que terrenales. Cada cristal tiene sus propias propiedades e irradia vibraciones acordes con su entorno. Pueden limpiar, curar y purificar su espíritu, cuerpo y espacio físico. Por lo tanto, puede utilizarlos en un ritual de purificación por sus propiedades limpiadoras y curativas.

Cristales utilizados en la purificación

Aunque existen más de cuatro mil cristales en el mundo, cada uno tiene sus propias funciones y usos. La primera parte de este capítulo tratará sobre los cristales más utilizados en la limpieza y sus propiedades espirituales.

Cuarzo transparente

Cristal de cuarzo transparente [65]

El cristal de cuarzo claro es una piedra transparente que proporciona curación, conecta con sus siete chakras y amplifica el poder, aumentando significativamente la energía que vierte en él y fortaleciendo también las vibraciones de otros cristales. También limpia su energía y su entorno. Suele proceder de aguas congeladas, se asemeja a trozos de hielo e irradia energía refrescante. Desde la antigüedad, esta piedra se ha asociado con el mito, el misticismo y la magia.

Este cristal proporciona crecimiento espiritual al empujarle a mirar en su interior y descubrir quién es realmente. También desbloquea los chakras, permitiendo que la energía siga fácilmente en su cuerpo y limpie su aura. El cuarzo claro se asocia con el chakra de la coronilla, situado en la parte superior de la cabeza. Este chakra le conecta con lo divino, los planos superiores de existencia y todas las infinitas posibilidades del universo. Puede equilibrar, almacenar o liberar energía y aportarle sabiduría y conciencia.

El cuarzo transparente puede mejorar su claridad mental, estabilizar sus emociones y enfocar lo que desee. También puede utilizarlo para meditar y durante rituales de manifestación. Este cristal tiene propiedades protectoras y puede potenciar sus poderes psíquicos. Tiene la capacidad única de abrirle los ojos a su verdad y a la verdad de las personas de su vida para que pueda comprenderse mejor y ver cada situación desde una perspectiva diferente y fresca. También puede aportar armonía a su vida personal y a su entorno, así como claridad mental y emocional.

Por esta razón, a menudo se le llama "el cristal universal", ya que se puede utilizar en muchos aspectos, como la canalización, la protección, la meditación y la manifestación, y es una de las piedras curativas más poderosas y eficaces.

Amatista

Cristal de amatista[56]

La amatista es un hermoso cristal púrpura que irradia sabiduría, calma y curación espiritual. Actúa como un puente que conecta el mundo físico con el mundo espiritual, lo divino, y proporciona el despertar espiritual. Durante siglos, esta piedra se ha asociado con la espiritualidad, el chakra de la coronilla y el tercer ojo.

"Amatista" deriva de la palabra griega "*amethystos*", que significa "no intoxicado", porque los antiguos griegos solían llevarla como protección contra el efecto de la intoxicación. El cristal siempre ha estado relacionado con la magia y el mito. En la antigua mitología griega y romana, se cree que la amatista obtuvo su color de las lágrimas del dios del vino.

La leyenda cuenta que amatista era una joven virgen a la que Dioniso/Baco (dioses del vino en la mitología griega y romana, respectivamente) trataba mal cada vez que se emborrachaba. No pudo soportarlo más y suplicó a Diana/Artemisa (diosas de la caza y los animales salvajes en la mitología romana y griega) que la ayudara a que cesara su dolor. Entonces, la diosa la convirtió en una piedra blanca. Cuando el dios del vino se enteró de lo ocurrido, lloró sobre el cristal hasta que este se volvió púrpura. Gracias a esta leyenda, la amatista se asocia desde hace tiempo con la claridad mental y la contemplación.

Todo el mundo tiene intuición. Solo que no saben cómo utilizarla. El cristal de amatista desbloquea su tercer ojo y da vida a su sexto sentido. También despierta su intuición e invita a la sabiduría y la imaginación a su vida. El cristal también está conectado con el chakra de la corona que le abre a recibir mensajes de lo divino y del universo. Le protege contra la energía negativa, las malas emociones y la magia negra.

La amatista tiene fuertes vibraciones espirituales que aumentan su conciencia. Puede acercarle a su ángel de la guarda y a sus guías espirituales. Le da conocimiento y le muestra que usted es uno con el universo. La piedra puede llenar su corazón de amor divino y sabiduría espiritual y le recuerda que no está solo en el mundo. Mejora sus habilidades psíquicas y facilita las visiones y las experiencias extracorpóreas, y altera su energía para elevar su frecuencia.

Turmalina negra

Turmalina negra [87]

La turmalina negra es uno de los cristales más fuertes para usar contra la energía negativa y las malas emociones. Aunque la turmalina viene en diferentes colores, ninguno es tan poderoso como el negro. El cristal está asociado con el chakra muladhara, el primero de los chakras que le hace sentirse enraizado y seguro en su entorno. La piedra le protege contra los ataques psíquicos y los vampiros energéticos (personas negativas que drenan su energía, dejándole una sensación de cansancio) y eleva sus vibraciones. La turmalina negra purifica el cuerpo y el entorno de la energía negativa y las entidades oscuras. Eleva su conciencia y le sitúa en el camino de la iluminación. Le enseña a vivir una vida al servicio de los demás para que pueda marcar la diferencia en el mundo.

Las culturas antiguas utilizaban la turmalina negra por sus propiedades protectoras, ya que absorbe toda la negatividad y actúa como escudo contra la energía dañina.

No deje que su color oscuro le engañe. La turmalina negra también puede aportar luz y claridad a su entorno. Cuando la vida se pone difícil y se siente estancado en su situación, este cristal irradiará luz y energía positiva, traerá el amor del universo a su corazón y elevará su conciencia espiritual. Le conecta con fuerzas superiores, equilibra sus chakras y fomenta la curación espiritual. Las varitas de turmalina negra tienen propiedades únicas, ya que pueden canalizar una energía poderosa que trasciende el mundo físico para proporcionar curación. También pueden liberar la energía negativa de su aura para permitir que la positividad fluya a través de su ser.

Puede utilizar la turmalina negra en la meditación espiritual, ya que puede llevarle con seguridad al mundo espiritual. Si sueña con este cristal, es una advertencia contra el peligro.

Selenita

Cristal de selenita [58]

Este cristal blanco nacarado debe su nombre a Selene, la diosa griega de la luna. Esto la convierte en una de las piedras más espirituales. Si la mira, sentirá que le invade la calma. Sus cualidades calmantes provienen de su color blanco pálido, que parece de otro mundo. En la antigua Grecia, las diosas preferían la selenita porque aporta curación espiritual, armonía y protección a la mente, el cuerpo y el espacio físico.

El cristal puede aumentar sus vibraciones para que pueda recibir e interpretar mensajes significativos del universo. Puede desbloquear los siete chakras para facilitar el flujo de energía, protegerle contra la energía y las entidades negativas y aportar pureza y paz al corazón y la mente.

Aunque la selenita puede proporcionar curación mental, física y emocional, sus atributos más poderosos se encuentran en los reinos espiritual y metafísico. Puede limpiar su aura y conectarle con su guía espiritual y su yo más elevado. Trabajar con esta piedra puede mejorar sus habilidades psíquicas, abrirle a descubrir todos los niveles de su conciencia, acceder a sus vidas pasadas para que pueda curarse de acontecimientos traumáticos, conectarle con el mundo de los espíritus y los ángeles, y mostrarle el camino hacia lo divino.

La piedra puede traer positividad a su vida y le recuerda que es un hijo de Dios y una parte del universo que merece ser feliz. Le impulsa a convertirse en la mejor versión de sí mismo. Aclara su visión para que pueda descubrir su pasión y sus objetivos. Le permite eliminar los pensamientos negativos y hablar de sí mismo y de sus objetivos con afirmaciones positivas y poderosas. Puede utilizar este cristal para limpiar, leer, meditar y manifestar.

Cuarzo rosa

Cristal de cuarzo rosa [59]

El cuarzo rosa pertenece a la misma familia que el cuarzo transparente. Irradia emociones positivas y tiernas y se ha convertido en símbolo del amor durante siglos. Sus propiedades curativas pueden traer armonía a su vida; a la mayoría de la gente le encanta tenerlo cerca. Se asocia con el chakra de la garganta y el chakra del corazón. Puede curar conflictos y traumas en todo tipo de relaciones, románticas o no.

Este cristal puede desbloquear el chakra del corazón para abrirlo al amor, la alegría y otras emociones positivas. Puede aportar equilibrio a su vida, conectarle con el mundo que le rodea y las personas de su vida, reconfortarle y mostrarle todas las posibilidades de la vida. El cuarzo rosa está vinculado a la energía femenina de las diosas, atrae paz y compasión a su aura y fortalece su espíritu. Sus propiedades curativas pueden calmar su alma, mostrarle su verdadero potencial y reconfortar su corazón roto. Libera emociones negativas como el odio, el resentimiento, el miedo y la ira para purificar su alma y poner fin a su dolor.

La piedra conecta su corazón con la tierra y el universo, dándole el coraje para amar y expresar sus emociones sin miedo. Después de experimentar las propiedades curativas del cuarzo rosa, se sentirá como una persona nueva. Será más amable, tendrá más esperanza y recuperará la fe en sí mismo y en el mundo. La piedra le recordará que el secreto de la felicidad es amar incondicionalmente a las personas de su vida sin esperar nada a cambio, y el universo le enviará el mismo tipo de amor. Aprenderá que toda la creación de Dios debe ser apreciada y tratada con respeto.

El cuarzo rosa tiene una presencia maternal y nutritiva, que puede serle útil en momentos difíciles. Su cálida energía puede hacerle sentir amado, protegido y contento, y hacerle creer que todo es posible. Le empuja a hacerse preguntas difíciles para mostrarle que las respuestas son a menudo más sencillas de lo que piensa.

Citrino

Cristal de citrino[60]

El citrino es otro cristal que pertenece a la familia del cuarzo. Esta piedra amarilla puede traer luz y sol a su vida y recordarle que le esperan días más brillantes. Está relacionado con el chakra del plexo solar y el chakra sacro. Le mantiene con los pies en la tierra y aporta equilibrio y estabilidad a su vida. El cristal puede desbloquear el chakra del plexo solar para darle poder y hacerle sentir que puede manejar cualquier cosa que la vida le depare.

Este cristal abre el chakra sacro y aporta intimidad, pasión y creatividad a su vida. También puede protegerle contra la energía negativa, fortalecer su espíritu e invitar a la positividad a su corazón. Podrá sonreír a pesar del dolor porque sabe que las cosas siempre irán a mejor.

Supongamos que es sensible o se ve afectado fácilmente por energías y entidades negativas. En ese caso, el citrino puede actuar como escudo para protegerle de influencias dañinas. Es un cristal de abundancia que puede utilizar para manifestar éxito, prosperidad, riqueza y una variedad de cosas maravillosas. Durante los conflictos familiares, el citrino puede calmarle para que pueda pensar con claridad y evitar que la situación se agrave.

También despierta sus habilidades psíquicas para comprender la información y las señales que le envía el universo. A algunas personas puede guiarlas hacia proyectos astrales. También puede alinear y limpiar su aura, aportarle luz y claridad, y proporcionarle curación mental y emocional.

La piedra mejora la conexión con el yo superior y lo divino. Se suele utilizar durante los rituales y la meditación para mantener los pies en la tierra e invitar a la iluminación y la conciencia.

Obsidiana

Obsidiana [61]

La obsidiana es un poderoso cristal oscuro que le protege contra la energía negativa. Aunque es una piedra negra, le muestra que puede ver a través de la oscuridad para descubrir la verdad. Su superficie transparente se asemeja a un espejo que refleja una visión del futuro. Algunos creen que pueden utilizar su superficie transparente para despertar su conciencia superior.

El cristal está vinculado al chakra de la raíz, que le mantiene con los pies en la tierra, aunque su mundo esté patas arriba. La obsidiana puede desbloquear su chakra raíz, permitiendo un flujo de energía fluido, haciéndole sentir seguro y fuerte, y protegiéndole contra ataques psíquicos. Las culturas antiguas utilizaban esta piedra para despertar el chakra del tercer ojo y visitar el mundo espiritual.

Cada persona tiene un lado oscuro del que no suele ser consciente. La obsidiana le revela este lado para mostrarle una faceta diferente de su personalidad. Revela sus puntos fuertes, sus debilidades, sus capacidades e incluso partes de usted mismo que ha olvidado. El cristal da un propósito a su alma, potencia el crecimiento espiritual y le empuja a explorar los misterios del universo.

Las piedras alinean su espíritu con su mente y su cuerpo, liberan la energía negativa e invitan a la armonía y la paz en su vida.

Métodos para incorporar los cristales a la práctica del sahumerio

Esta parte del capítulo se centrará en las diferentes formas en que puede utilizar los cristales en sus rituales de limpieza

Colocación de cristales alrededor del espacio

Antes de hacer la limpieza, coloca cristales alrededor del espacio para amplificar la energía y favorecer el proceso de limpieza. Algunos cristales adecuados para este fin son el cuarzo transparente, la amatista, la turmalina negra y la selenita.

También puede crear una rejilla de cristales colocando las piedras en una posición geométrica sagrada para reforzar su energía. Hay varias rejillas que puede encontrar en internet, o puede utilizar telas de rejilla.

Varita de cristal

Utilice una varita de cristal para dirigir el humo del bastoncillo. Elija una que se ajuste a sus intenciones o necesidades (una varita de cuarzo transparente para amplificar la energía o una varita de cuarzo rosa para el amor y la sanación). Puede elegir una varita de cristal sosteniéndola en la mano. Si conecta inmediatamente con ella, es la piedra adecuada para usted. Si compra en línea, puede utilizar la información que le ofrecemos aquí como guía.

Pregúntese por qué está realizando este ritual. ¿Quiere limpiar su entorno? ¿Quiere protegerse de la energía negativa? ¿O quiere amplificar la energía de un objeto? Sus respuestas determinarán qué cristal utilizar.

Construir un altar de cristal

Construya un altar y añada uno o más cristales. Puede realizar rituales de purificación en el altar para aprovechar la energía de las piedras.

Sujetar cristales

Sostener los cristales mientras los frotas les infunde energía limpiadora y les ayuda a concentrarse en sus intenciones.

Para establecer su intención, siga estas sencillas instrucciones:

1. Sujete la piedra con la mano dominante.
2. Cierre los ojos y despeje la mente.
3. Respire lenta y profundamente hasta que se sienta en el suelo.
4. Imagínese de pie en la naturaleza, contemplando el hermoso paisaje y sintiéndose tranquilo y relajado.
5. Imagine que hay una gran versión del cristal justo delante de usted.
6. Entre en el cristal para explorarlo. Visualice cada parte del interior del cristal, como su aroma, aspecto, sonido y la sensación que experimenta en este momento. Todo debe parecer y sentirse real.
7. Ahora concéntrese en su intención y llene el interior del cristal con personas, colores, símbolos, objetos, etc., asociados a su objetivo y a lo que espera conseguir con este ritual.
8. Después de añadir los toques finales, siéntese y observe el entorno.
9. Cuando se sienta cómodo, repita su intención en voz alta en la vida real y en la visualización.
10. Imagínese tallando o escribiendo cada palabra de su intención en las paredes interiores de su cristal.
11. Siéntese en su cristal durante un rato. Camine alrededor y estudie cada parte de él. Esparza positivismo por todas partes.
12. Ahora puede utilizarlo en su ritual.

Cargar/programar cristales con humo

Después de la limpieza, mantenga los cristales en el humo para limpiarlos y cargarlos. Esto puede ayudar a restablecer su energía y potenciar sus propiedades curativas. Recuerde que hay energía negativa a su alrededor. Durante el ritual, sus cristales pueden absorber esta energía, afectando a su entorno y arruinando su próximo ritual. Limpiar los cristales liberará toda la mala energía y entidades, cargando su cristal con vibraciones amorosas y positivas.

Instrucciones:

1. Pase su cristal sobre el humo durante un par de minutos.
2. Establezca la intención de cargar su cristal con energía positiva y liberar la energía negativa.

Los cristales son extremadamente poderosos y pueden amplificar la energía y las propiedades curativas durante cualquier ritual de purificación. Antes de elegir una piedra, estudie sus propiedades espirituales y curativas para encontrar la que se adapte a sus necesidades. Cuando compre un cristal, no se quede con el primero que vea. Deje que le llame el adecuado. Mantenga la mente abierta y déjese guiar por el corazón. A menudo establecerá una conexión con su cristal de inmediato. Una vez elegido, límpielo con humo e imprégnelo de su intención y energía positiva. En poco tiempo, empezará a notar el poderoso impacto de estas piedras encantadoras en su ritual.

Capítulo 10: La curación mediante el sahumerio

A lo largo del libro, se habrá encontrado con varios casos que muestran el poder de la curación mediante el sahumerio. Y supongamos que ya ha probado algunas de las técnicas antes de llegar a este punto. En ese caso, es posible que haya experimentado por sí mismo sus propiedades reparadoras. De hecho, uno de los secretos menos conocidos de la limpieza es su capacidad para curar numerosas dolencias, no solo físicas, sino también espirituales y emocionales.

Curación de enfermedades físicas

Los estudios han demostrado que la salvia, la hierba más utilizada para la limpieza, tiene propiedades antibacterianas y antimicrobianas. En su entorno natural, la salvia también repele algunos de los insectos más dañinos. ¿Sabía que esta hierba es un antioxidante capaz de eliminar más del 90% de las bacterias de una habitación?

Otro dato interesante: La salvia se llama salvia en latín, y las raíces lingüísticas de la *salvia* se remontan a la palabra *curar* (los fans de Harry Potter quizá conozcan el hechizo *salvio hexia*, utilizado para repeler los maleficios físicamente dañinos). Quemar salvia puede reforzar la inmunidad y proteger de diversas enfermedades.

Las demás hierbas utilizadas en los rituales de sahumerio también tienen propiedades curativas.

- **El cedro**

    Al igual que la salvia, el cedro también repele a los insectos. Si inhala el humo de cedro generado por la limpieza, abrirá sus conductos de aire, lo que le permitirá respirar más libremente y le ayudará a combatir cualquier enfermedad respiratoria existente. ¿Es usted propenso a la artritis? La limpieza con cedro puede aliviar el dolor y reducir la inflamación de las articulaciones.

- **Palo santo**

    El humo del palo santo puede curar varias enfermedades respiratorias como el asma. Su aceite de madera puede utilizarse para curar la artritis e incluso mejorar la salud de la piel. Las investigaciones sugieren que el compuesto d-limoneno que se encuentra en la madera de palo santo puede ayudar a protegerte del cáncer.

- **Hierba dulce**

    Se sabe que el humo de la hierba dulce cura el resfriado común. Si prepara un té de esta planta, puede incluso curar la tos incesante y la fiebre. El aceite de hierba dulce puede curar las heridas porque repele las bacterias.

- **Lavanda**

    A lo largo de los años, el humo de la lavanda se ha utilizado para aliviar dolores de cabeza y migrañas. Con esta planta es posible reducir la inflamación de las articulaciones y aliviar los dolores musculares. Sus propiedades antibacterianas pueden ayudar a curar eczemas. Además, el sahumerio de lavanda mejora la circulación sanguínea y del aire en el cuerpo.

- **Incienso y mirra**

    Diversos estudios han demostrado repetidamente que el incienso y la mirra pueden matar las bacterias nocivas del aire. Se dice que el humo inhalado puede crear glóbulos blancos en el cuerpo, aumentando así la inmunidad frente a varias enfermedades. El incienso y la mirra también tienen propiedades antiinflamatorias y pueden ayudar a eliminar problemas cutáneos.

Ni que decir tiene que, sea cual sea la hierba, resina o aceite que utilice para limpiar, lo más probable es que alguna de sus dolencias físicas se cure. Puede tratarse de una erupción cutánea persistente, una sinusitis crónica, migrañas recurrentes o incluso algo tan mortal como el cáncer.

Curación de enfermedades espirituales

Los expertos creen que las enfermedades físicas pueden tener su origen en el cuerpo energético. Si las bacterias dañinas entran en su sistema, sus efectos degradantes se manifiestan primero en su cuerpo energético antes de afectar a su cuerpo físico. Estos efectos se denominan enfermedades espirituales, y deben eliminarse antes de que pueda curarse físicamente. Eso es exactamente lo que la depuración es capaz de hacer.

El proceso de limpieza puede detectar la causa espiritual de sus problemas físicos y arrancarla de su sistema antes de que cause que su salud se deteriore aún más. Las energías negativas presentes en su cuerpo energético son eliminadas, dejándolo listo y abierto para ser llenado con una ráfaga de energía positiva, sanando todas sus enfermedades espirituales. En resumen, la purificación purifica el espíritu, limpia la energía y cura el alma. Puede curar enfermedades eliminando la causa que las origina. Estas causas incluyen:

- **Espíritus ancestrales**

    ¿Ha hecho infeliz recientemente a alguno de sus antepasados? ¿Ha hecho algo que ellos no habrían aprobado? Entonces es posible que le hayan maldecido con una enfermedad física que usted padece actualmente. Los sahumerios limpian la energía negativa de sus espíritus ancestrales, devolviendo la felicidad a sus almas y curándole a usted de la enfermedad.

- **Espíritus del hogar**

    ¿No ha seguido las enseñanzas de su espíritu doméstico? Sus acciones pueden haber enfurecido a esa deidad que, a su vez, puede haber provocado alguna desgracia en su cuerpo energético. El sahumerio puede eliminar esa ira espiritual, limpiando y sanando su cuerpo energético.

- **Espíritus dañinos/malignos**

    Existe la posibilidad de que ciertos espíritus dañinos le estén rondando a usted o a su espacio, afectando negativamente a su espíritu. La purificación puede remover la maldad de los espíritus o eliminarlos por completo. De cualquier manera, su salud espiritual mejorará inmensamente.

- **Pérdida del Alma**

    Esta es probablemente la peor enfermedad espiritual que puede experimentar. Implica lo que afirma; la pérdida de su alma. ¿Ha experimentado alguna pérdida en la vida real? ¿Quizá ha fallecido un ser querido, o ha sido víctima de una agresión o un accidente? Se cree que cada pérdida en la vida real rompe el alma en fragmentos, lo que finalmente conduce a la pérdida total del alma (que provoca enfermedades mortales e incurables). El sahumerio cura el alma, repara cada fragmento y la recompone.

Como puede ver, su salud espiritual afecta directamente a su bienestar físico. Cuanto más puro sea su cuerpo energético, mejor será su estado físico. ¡Y el proceso de limpieza cura ambos cuerpos!

Sanación de trastornos emocionales

Este es el impacto más importante y altamente efectivo de la limpieza. Como ya sabrá, la limpieza se centra en eliminar la energía negativa de un espacio o de una persona. Y la mayoría de las veces, esa energía negativa se crea debido a sus emociones negativas. Por lo tanto, se puede concluir con seguridad que el sahumerio cura los trastornos emocionales de un espacio o una persona. De hecho, la armonía emocional es el resultado más visible e inmediato del proceso de limpieza.

- **Ansiedad**

    Al igual que la curación de los trastornos emocionales es similar a todos los demás tipos de curación física, la curación de la ansiedad es similar a la curación de todos los demás tipos de trastornos emocionales. En cuanto complete cualquiera de las técnicas de limpieza, lo primero que notará en usted será la ausencia absoluta de ansiedad. Será reemplazada por una serenidad tan profunda que todos sus otros problemas parecerán desvanecerse en el aire (los problemas pueden seguir ahí, solo que no se sentirá ansioso por ellos).

- **Estrés**

    A primera vista, el estrés puede parecer lo mismo que la ansiedad. Al fin y al cabo, uno se siente ansioso cuando está estresado, y viceversa. Pero son respuestas a situaciones totalmente distintas. La ansiedad es más un miedo a cosas que aún no han sucedido, mientras que el estrés es la presión que siente por cosas que está experimentando actualmente. Se puede decir que el estrés es una forma más leve de ansiedad, pero puede abrumarle y aplastarle si se siente en exceso.

Los vapores relajantes que le rodean después de sahumar ayudan a reducir ese estrés, y la energía negativa expulsada borra la presión restante de su mente. Empezará a pensar con más claridad y a gestionar su trabajo y su vida personal con más eficacia.

- **Depresión**

Es una de las emociones negativas más mortíferas. Puede ser mortal si no se controla (y desemboca en una depresión clínica). A diferencia de la ansiedad o el estrés, en los que sabe que hay factores externos que le afectan negativamente, la depresión se arrastra en completo secreto y, en este caso, usted es quien está destruyendo su estado emocional (no hay factores externos de ningún tipo).

Cuando está deprimido, la energía negativa casi siempre está dentro de usted, no en el espacio que le rodea ni en otras personas. El sahumerio puede ayudarle a expulsar esa energía de su interior, expulsando incluso esas emociones negativas que le deprimen.

- **Ira**

En una mente perturbada, la ira es la emoción que se siente con más frecuencia. Cuando está nervioso o estresado, a menudo siente ira. Es entonces cuando la presencia calmante de las técnicas de purificación brilla mejor. El humo reconfortante que recorre la habitación penetra en su cuerpo energético y expulsa las emociones negativas que provocan la ira, creando una sensación de paz en su alma. Puede que al final del proceso recuerde por qué estaba enfadado, pero la situación no le permitirá sentir esa ira.

- **Odio**

Es posible que sienta un odio absoluto e irrefrenable hacia una persona o una situación, tan ardiente y absorbente, que no sienta amor por nadie ni por nada. Este tipo de odio profundo e intenso puede eliminarse con la purificación. Al final del ritual, el estado de unidad que alcance le ayudará a perdonar y olvidar el odio hacia esa persona o lugar, sustituyéndolo por apatía o amor.

Otras emociones negativas, como la culpa, la frustración, los celos, el aburrimiento, etc., también se pueden curar mediante sahumerios. Una vez completados los rituales, alcanzará un equilibrio emocional con emociones positivas y negativas a partes iguales, dando lugar a un estado de calma absoluta. Y si observa detenidamente la curación de las emociones a través del sahumerio, se dará cuenta de que su salud emocional depende de la fortaleza de su espíritu, que a su vez depende de su bienestar físico (y viceversa). ¡Todo está interconectado!

Cómo sanar con sahumerios

Los procesos, las técnicas y los rituales de la limpieza con sahumerios siguen siendo los mismos, como se detalla en las secciones anteriores del libro. Lo único que cambia es su *enfoque*. Hasta ahora, se ha centrado en los aspectos generales de la limpieza, como creer que la energía negativa de un espacio o de su interior se va. Esta vez, deberá concentrarse en una forma de energía negativa durante el proceso de limpieza.

Imagine que desea deshacerse de su ira. Mientras comienza el ritual y quema la hierba, concéntrese en expulsar la ira de su organismo. Concéntrese en los chakras relacionados con la ira (el que está cerca de la base de la columna vertebral y el que está justo encima del ombligo) y crea que se están purificando. Así es como su ira acabará por apaciguarse y convertirse en una sensación de serenidad.

En su cuerpo astral/energético, los chakras asociados con las emociones y las enfermedades son:

1. **Chakra raíz**

    Enfermedades: Artritis, problemas de colon, estreñimiento.

    Emociones negativas: Ira, inestabilidad, miedo, frustración.

2. **Chakra sacro**

    Enfermedades: Falta de deseo sexual, problemas del tracto urinario, problemas lumbares.

    Emociones negativas: Irritabilidad, letargo, tendencias manipuladoras.

3. **Chakra del plexo solar**

    Enfermedades: Indigestión, diabetes, problemas hepáticos.

    Emociones negativas: Baja autoestima, depresión, rabia.

4. **Chakra del corazón**

   Enfermedades: Problemas cardíacos, inestabilidad de peso, asma.

   Emociones negativas: Celos, pavor, ansiedad.

5. **Chakra de la garganta**

   Enfermedades: Problemas de tiroides, anomalías dentales, problemas respiratorios.

   Emociones negativas: Incapacidad para expresar sus pensamientos, introvertido.

6. **Chakra del tercer ojo**

   Enfermedades: Dolores de cabeza, migrañas, problemas de audición, ceguera.

   Emociones negativas: Miedo al éxito, egoísmo.

7. **Chakra de la corona**

   Enfermedades: Enfermedades mentales, desequilibrios del sistema nervioso.

   Emociones negativas: Frustración, escepticismo, tendencias suicidas.

Para poder concentrarse en los chakras, hay que estar en armonía con el cuerpo energético. Cada chakra debe ser claramente visible en el ojo de su mente; de lo contrario, esta técnica no siempre funcionará. Dicho esto, centrarse en la purificación de los chakras, es solo uno de los muchos métodos de sanación que se pueden aplicar con la técnica del sahumerio.

- **Meditación**

  Meditar significa literalmente concentrarse en algo durante un tiempo determinado. Tendrá que despejar su mente de todos sus pensamientos, excepto uno. Para propósitos de sanación, ese pensamiento debe ser parte de su cuerpo, el tipo de espíritu, o el tipo de emoción que está tratando de sanar con el sahumerio.

  Otra parte importante de la meditación es la respiración. Debe ser lenta y rítmica. Inspire, aguante unos segundos, espire, aguante de nuevo y repita el proceso. Un punto a tener en cuenta: Debe tener experiencia en la limpieza para curarse utilizando técnicas de meditación. Esto se debe a que no debe estar pensando en el ritual en sí para que la meditación tenga éxito. Los actos del ritual deben ser espontáneos, instintivos, y solo un pensamiento de curación debe gobernar su estado mental.

- **Visualización**

    Es casi lo mismo que la meditación. Con la visualización, necesita crear una imagen de la parte de su cuerpo, espíritu o emoción que desea sanar. Pensar en ello es una cosa, pero aquí tiene que creer que esa parte está realmente delante de usted. Puede verla con los ojos de su mente, alcanzarla y sentirla. Deje que este sentimiento envuelva su alma hasta que no vea nada más que la parte a sanar. El proceso de limpieza se encargará del resto.

    Considere que desea curar su diabetes. Comience el ritual y visualice la diabetes en su cuerpo. Convoque una imagen del interior de su cuerpo físico. Imagine la sangre fluyendo por sus venas, roja como una remolacha al sol. Ahora visualice la glucosa como pequeños puntos amarillos esparcidos por el torrente sanguíneo, como manchas de hierba en un campo fresco. Por último, dese cuenta de que los puntos van disminuyendo, abandonando su torrente sanguíneo.

    Repita este proceso durante cada uno de sus rituales de purificación.

- **Oración**

    Se dice que las palabras son tan poderosas como las imágenes, y a veces pueden conmover más que una imagen. Y la oración puede hacer maravillas cuando se utiliza la limpieza para sanar. No importa si se trata de una oración larga y compleja sugerida por un chamán de confianza o de una combinación breve y sencilla de palabras creadas por usted mismo. Lo que importa aquí es su comprensión de esa oración y su creencia en las palabras pronunciadas. Cuanto más fuerte sea su fe, más eficaz será el ritual.

    Supongamos que desea curar el sufrimiento de sus espíritus ancestrales. Supongamos que les ha perjudicado llevando su empresa familiar en una dirección que no les gusta. En su oración, comience con una disculpa seguida de una explicación y termine con una petición de perdón. Podría ser algo así:

    "Oh espíritus ancestrales (nómbrelos si quieres), siento mis acciones, pero era la mejor solución para encontrar el éxito en estos tiempos difíciles. Perdónenme si pueden".

Siéntase libre de ser más creativo o incluso de hacer poesía con ello. Mientras crea en las palabras y se concentre en llevarlas a buen puerto, ¡puede incluso cantarlas en voz alta! Para sanar, lo único que importa es su concentración.

La ciencia detrás de la curación con el sahumerio

Ha oído bien. El sahumerio está respaldado por la ciencia. La ciencia más fundamental que respalda el ritual es que el humo generado por el sahumerio repele las bacterias nocivas del entorno. Los estudios han demostrado que se elimina más del 90% de las bacterias. Además, el humo se absorbe fácilmente en el organismo, revitalizando el cerebro y las funciones corporales. A diferencia del humo del tabaco, que tiene un efecto letárgico, el humo medicinal de la salvia, el cedro o cualquier otra hierba le da vitalidad y energía, y le prepara para enfrentarse al mundo. La ciencia que lo explica es la presencia de iones negativos en el humo.

No se preocupe. Los iones negativos no son negativos en el sentido filosófico. Cuando su cuerpo contiene energía negativa, se llena de iones positivos (que son emocionalmente dañinos). Los iones negativos liberados por el humo del sahumerio son absorbidos por el cuerpo, anulando el efecto de los iones positivos y abriendo una puerta para que entre la energía positiva.

Sahumerios para sanar y mejorar la salud holística

La salud holística implica su salud general, incluyendo sus aspectos físicos, emocionales, espirituales, intelectuales y sociales. Hasta ahora, ha aprendido cómo la limpieza puede curar su ser físico, emocional y espiritual. ¿Sabía que también puede rejuvenecer la parte intelectual y social de su vida?

Cuando la energía negativa se elimina de usted y de su espacio, su mente se limpia. Esta limpieza le permitirá analizar las cosas objetivamente y aumentar su capacidad de razonamiento. ¡Y eso es exactamente un alto nivel de intelecto! Con esta renovada claridad de conocimientos, podrá llenar su mente limpia de energía positiva.

Como habrá podido suponer, su salud social depende del tipo de relación que haya desarrollado con las personas que le rodean. Su salud social es buena si está llena de amor y felicidad. Pero su salud social necesita mejoras importantes si está plagada de disputas y hostilidad. La limpieza puede sanar su vida social eliminando la energía y las emociones negativas de su entorno, de usted mismo y del entorno y las almas de sus conocidos, amigos y familiares.

En esencia, el sahumerio puede sanar su salud holística para mejorar su bienestar general. Puede incorporarlo fácilmente a su rutina diaria de bienestar. Cualquier momento del día o de la noche es perfecto para llevar a cabo el ritual. Lo único que importa es su voluntad de desprenderse de la energía negativa y su entusiasmo por atraer la positividad a su vida.

Conclusión

Imagínese lo siguiente: Después de un día largo y agotador, entra en su casa, enciende un poco de salvia y deja que el humo fragante flote en el aire. Es como un soplo de aire fresco, que se lleva todo el estrés y las vibraciones negativas que le rodean. De repente, su espacio se siente más ligero, tranquilo y acogedor. Es como si el sahumerio le diera un botón de reinicio, permitiéndole dejar atrás el caos y encontrar una sensación de paz en su entorno. Pero la limpieza va más allá de crear un ambiente acogedor. También puede servir de guía en momentos de cambio y transición. El sahumerio puede ser su fiel compañero, ya sea al mudarse a un nuevo hogar, al empezar un nuevo trabajo o al atravesar un cambio importante en su vida. Es como tener un amigo de confianza que le ayuda a dejar atrás el pasado y abrazar las posibilidades del futuro. Con cada remolino de humo sagrado, se crea una pizarra limpia, invitando a la energía positiva y a nuevos comienzos en su vida.

Y no nos olvidemos del lado espiritual de la limpieza. Es como si tuviera una línea directa con su ser interior y con el universo. Cuando usted se limpia antes de la meditación, la oración o cualquier práctica de búsqueda del alma, está preparando el terreno para una conexión profunda y el autodescubrimiento. Los suaves hilos de humo tienden un puente entre lo físico y lo espiritual, ayudándole a encontrar una sensación de armonía y unidad en su interior. ¿Y lo mejor? El sahumerio no es solo para espacios y rituales. Se adapta a diversas situaciones. Puede utilizarlo para limpiar y revitalizar sus objetos más preciados, como sus cristales favoritos o sus joyas sentimentales, dándoles un tratamiento de spa rejuvenecedor, eliminando cualquier energía negativa persistente y recargándolos de positividad. ¿Y por qué no limpiarse usted también? Sentirá como si tuviera una mini-rutina de autocuidado para su campo energético, que le permitirá deshacerse de cualquier pesadez y abrazar una vitalidad renovada.

Así que, al cerrar este libro y terminar su exploración de las prácticas de limpieza, recuerde esto. No se trata de una práctica puntual, sino de una forma de vida. Se trata de integrar la limpieza en su rutina diaria, como esa taza de té que le reconforta y le da calor cada mañana. Al abrazar el poder transformador de la limpieza, invita a la armonía, la paz y la energía positiva a su vida. Así que adelante, empiece a limpiar y vea cómo se despliega la magia.

Vea más libros escritos por Mari Silva

Su regalo gratuito

¡Gracias por descargar este libro! Si desea aprender más acerca de varios temas de espiritualidad, entonces únase a la comunidad de Mari Silva y obtenga el MP3 de meditación guiada para despertar su tercer ojo. Este MP3 de meditación guiada está diseñado para abrir y fortalecer el tercer ojo para que pueda experimentar un estado superior de conciencia.

https://livetolearn.lpages.co/mari-silva-third-eye-meditation-mp3-spanish/

¡O escanee el código QR!

Referencias

Primera Parte: Brujería moderna

"11 Popular Tarot Spreads for Beginners and Experts." Www.alittlesparkofjoy.com, 19 July 2021, www.alittlesparkofjoy.com/easy-tarot-spreads/#three-card-tarot-spread.

"13 Best Crystals for Divination." All Crystal, 9 Aug. 2022, www.allcrystal.com/articles/crystals-for-divination/.

"25 Types of Witches: The Magical List of Witchcraft." Facts.net, 4 July 2021, facts.net/types-of-witches/.

Aletheia. "7 Types of Spirit Guides (& How to Connect with Them)." LonerWolf, 5 Feb. 2018, https://lonerwolf.com/spirit-guides/

"Elemental Magic for Beginners: Basic Principles - Craft of Wicca." Craftofwicca.com, 8 Mar. 2019, https://craftofwicca.com/elemental-magic-for-beginners/#Elemental%20Magic%20For%20Beginners

"Gods and Goddesses in Witchcraft: A Beginner's Guide." Witchbox, 22 May 2023, https://witchbox.co.uk/blogs/witchbox-blog/understanding-the-13-gods-and-goddesses-in-witchcraft

Herbs, Colleen Vanderlinden Colleen Vanderlinden. "Evolution and History of Witchcraft Timeline." LoveToKnow, https://paranormal.lovetoknow.com/Witchcraft_History

"How to Cast a Wicca Ritual Magic Circle." The Not so Innocents Abroad, www.thenotsoinnocentsabroad.com/blog/how-to-cast-a-wicca-ritual-magic-circle.

https://www.facebook.com/learn.religions. "What's the Difference between Evoke & Invoke in Paganism?" Learn Religions, www.learnreligions.com/evoke-and-invoke-2561892.

"Learning Tarot: A Complete Tarot for Beginners Guide." Www.alittlesparkofjoy.com, 14 Sept. 2020, www.alittlesparkofjoy.com/tarot-beginners-guide/.

Leavy, Ashley. Crystal Divination: Three Techniques for Insight & Healing - Love & Light School of Crystal Therapy. 19 Aug. 2013, https://loveandlightschool.com/crystal-divination-three-techniques-for-insight-healing/

lynette_starfire. "List of the Most Used Gods in Witchcraft." Witches of the Craft®

"How to Do Ritual Magic - Gain the Power to Create the Life You Choose." Magic Self and Spirit, 14 Feb. 2020, www.magicselfandspirit.com/blogs/magic/how-to-do-ritual-magic/.

May 23, 2020 | Lifestyle. Types of Spirit Guides: The 11 Powerful Guides on Your Team - Typically Topical. https://typicallytopical.com/types-of-spirit-guides

"Moon Magic: A Beginner Crash Course in Lunar Witchcraft." Moody Moons, 4 July 2021, www.moodymoons.com/2021/07/04/moon-magic-a-beginner-crash-course-in-lunar-witchcraft/.

"Prehistoric Witchcraft - Magic Spells." Paranormal Knowledge, 25 Oct. 2020, www.paranormalknowledge.com/magic-spells/prehistoric-witchcraft.html.

"The Ultimate Guide to Magical Herbs for Spells & Rituals - TheMagickalCat.com." Www.themagickalcat.com, 18 Nov. 2020, www.themagickalcat.com/magical-herbs-guide.

"The Wheel of the Year Explained: The Ultimate Guide to Understanding Nature's Sacred Cycles – Small Ripples." Www.smallripples.com, www.smallripples.com/the-wheel-of-the-year-explained/.

Tyler, Deanna. "The Mystery of Nordic Rune Stones." Rune Divination, 18 Sept. 2015, https://runedivination.com/the-mystery-of-nordic-rune-stones/

"Wiccan Deities: A Complete Guide to Wiccan Gods and Goddesses." Explore Wicca, 8 July 2018, https://explorewicca.com/wiccan-deities/

WiseWitch. "Invoking the Gods & Goddesses: Common Sense Counsel." Wise Witches and Witchcraft, 3 Mar. 2018, https://witchcraftandwitches.com/gods-and-goddesses/invoking-gods-goddesses-common-sense-counsel/.

WITCH. "6 Elements (Yes, 6!) - How and Why to Invoke Them in Ritual." WITCH, 1 June 2016, https://badwitch.es/6-elements-yes-6-invoke-ritual

"Your Guide to Rune Divination." Rune Divination, 7 Oct. 2015, https://runedivination.com/your-guide-to-rune-divination

Segunda Parte: Sahumerios

(N.d.). A-z-animals.com. https://a-z-animals.com/blog/jaguar-spirit-animal-symbolism-meaning/#:~:text=The%20jaguar%20is%20a%20symbol,intuition%2C%20confidence%2C%20and%20decisiveness

8 Reasons You Should Try Smudging & How To Do It At Home. (2017, May 8). Natural Living Ideas. https://www.naturallivingideas.com/smudging/

About sacred herbs & smudging ceremonies. (n.d.). Taosherb.com. https://www.taosherb.com/store/sacred-herbs.html

Acevedo, A. (2022, May 12). What is energy (as it relates to the law of attraction)? We explain. YouAlignedTM. https://youaligned.com/wellness/what-is-energy/

Amethyst – metaphysical healing properties. (n.d.). CRYSTALS & HOLISTIC HEALING. https://www.healingwithcrystals.net.au/amethyst.html

Amethyst meaning: Everything you NEED to know – healing properties & everyday uses. (n.d.). Tiny Rituals. https://tinyrituals.co/blogs/tiny-rituals/amethyst-meaning-healing-properties-and-everyday-uses

Askinosie, H. (2016, February 5). 8 ways to use crystals in your everyday routine. Mindbodygreen. https://www.mindbodygreen.com/articles/how-to-use-crystals-everyday

Ausler, N. (2022, December 4). 10 signs you're under A psychic attack & someone is sending you bad energy. YourTango. https://www.yourtango.com/self/signs-psychic-attack

Bauer, S. (2020, December 15). 10 of the incredible benefits of Palo Santo. Palo Santo Supply Company Ltd. https://palosantosupply.co/blogs/palo-santo/5-of-the-incredible-benefits-of-palo-santo

Beaulieu, C. (2022, August 13). 9 effective ways to protect yourself from psychic attacks. The Friendly Specter. https://www.friendlyspecter.com/9-effective-ways-to-protect-yourself-from-psychic-attacks/

Behind the meaning. (n.d.). Daisy London. https://www.daisyjewellery.com/blogs/our-world/behind-the-meaning-the-crown-chakra

Biancuzzo, M. (2022, April 5). 5 easy tips to help if you have trouble visualizing. Marie Biancuzzo, RN MS CCL IBCLC; MarieBiancuzzo.com. https://mariebiancuzzo.com/2022/04/05/5-easy-tips-to-help-if-you-have-trouble-visualizing/

Bihl, E. (2019, January 7). How to Smudge the Right Way (and Why You Should Do It). Brit + Co. https://www.brit.co/sage-smudging-tips/

Black Tourmaline Meaning: Healing properties & everyday uses. (n.d.). Tiny Rituals. https://tinyrituals.co/blogs/tiny-rituals/black-tourmaline-meaning-healing-properties-and-everyday-uses

Black Tourmaline. (2009). In Dictionary of Gems and Gemology (pp. 93–93). Springer Berlin Heidelberg.

Black Tourmaline: Meaning, healing properties, and powers. (n.d.). Mycrystals.com. https://www.mycrystals.com/meaning/black-tourmaline-meaning-healing-properties-and-powers

Bobb, B. (2022, August 10). Does burning sage really help you energetically cleanse your space? Vogue India. https://www.vogue.in/beauty/content/does-burning-sage-really-help-you-energetically-cleanse-your-space

Bolt, L. (2021, August 13). What is a spirit guide? Spirit guide meaning & more. Yahoo Life. https://www.yahoo.com/lifestyle/spirit-guide-spirit-guide-meaning-031900227.html

Bradford, D. (2023, January 1). How To Smudge Your House With Sage. Angels and Sages. https://angelsandsages.com/blogs/news/how-to-smudge-your-house-with-sage

Caron, A. (2021, September 23). Learn how to smudge. Seven Generations Education Institute. https://www.7generations.org/learn-how-to-smudge/

Chinnaiyan, K. (2017, February 23). 3 causes of self-doubt and how to conquer it for good. Tiny Buddha. https://tinybuddha.com/blog/3-causes-self-doubt-conquer-good/

Cho, A. (2012, July 7). Clear quartz meaning, healing properties, & uses. The Spruce. https://www.thespruce.com/what-is-a-clear-quartz-crystal-1274383

Cho, A. (n.d.). How to Smudge Your House to Invite Positive Energy. The Spruce. https://www.thespruce.com/how-to-smudge-your-house-1274692

Citrine – metaphysical healing properties. (n.d.). CRYSTALS & HOLISTIC HEALING. https://www.healingwithcrystals.net.au/citrine.html

Citrine meaning: Healing properties & everyday uses. (n.d.). Tiny Rituals. https://tinyrituals.co/blogs/tiny-rituals/citrine-meaning-healing-properties

Clear Quartz Meaning: Healing Properties & Uses. (n.d.). Tiny Rituals. https://tinyrituals.co/blogs/tiny-rituals/clear-quartz-meaning-healing-properties-uses

Coach, C. H. T. (1516444334000). Smudging – The science behind it. Linkedin.com. https://www.linkedin.com/pulse/smudging-science-behind-charmaine-howard

Dellner, A. (2018, April 26). What is energy work (and should I try it)? PureWow. https://www.purewow.com/wellness/energy-work

Detchon, A. (1528710839000). The importance of grounding and protecting your energy. Linkedin.com. https://www.linkedin.com/pulse/importance-grounding-protecting-your-energy-andrea-detchon-bsc-/

Dignity health. (n.d.). Dignity-Health. https://www.dignityhealth.org/articles/what-is-holistic-health-care-anyway

Dimensions of wellness. (n.d.). Rwu.edu. https://www.rwu.edu/undergraduate/student-life/health-and-counseling/health-education-program/dimensions-wellness

Energetic Harmony, let all your energy flow the right way. (n.d.). Attunements. https://www.attunements.info/product/energetic-harmony/

Ferraro, K. (2022, December 31). 10 Easy Ways To Cleanse Your Home of Negative Energy. Mindbodygreen. https://www.mindbodygreen.com/articles/how-to-cleanse-your-home-of-negative-energy

Five steps to deepen your relationship with your spirit guide. (n.d.). Kripalu. https://kripalu.org/resources/five-steps-deepen-your-relationship-your-spirit-guide

Frankincense incense benefits: 12 crucial things to know. (n.d.). Tiny Rituals. https://tinyrituals.co/blogs/tiny-rituals/frankincense-incense-benefits

Gemstone information – quartz Crystal Meaning and properties – fire mountain gems and beads. (n.d.). Firemountaingems.com. https://www.firemountaingems.com/resources/encyclobeadia/gem-notes/gmstnprprtsrckc

Graham, M. (2020, May 21). Benefits of Smudging with Sage (5 Scientific Reasons to SMUDGE with Sage!). Tribal Trade. https://tribaltradeco.com/blogs/smudging/benefits-of-smudging-with-sage-5-scientific-reasons-to-smudge-with-sage

Hannah, R. (1422379428000). What is A psychic attack? Linkedin.com. https://www.linkedin.com/pulse/what-psychic-attack-raven-hannah/

How crystals can help you stay connected to your intentions. (2016, March 31). Mindbodygreen. https://www.mindbodygreen.com/articles/intention-setting-with-gemstones-crystals

How to Choose which Crystal is right for you ? (n.d.). Wands of Lust Co. https://www.wandsoflust.com.au/blogs/news/how-to-choose-which-crystal-is-right-for-you

How to know if your crystals need charging + 9 potent methods. (2021, June 15). Mindbodygreen. https://www.mindbodygreen.com/articles/how-to-charge-crystals

How to make a DIY sage smudge stick. (n.d.). Rise Gardens. https://risegardens.com/blogs/communitygarden/how-to-make-a-diy-sage-smudge-stick

Hurst, M. (2023, April 25). "Sound cleansing" - the easiest, most calming way to show negative energy the door. Homesandgardens.Com; Homes & Gardens. https://www.homesandgardens.com/life-design/sound-cleansing

Ibe, O. (2022, March 31). Earthing–A technique to help ground your body. Verywell Mind. https://www.verywellmind.com/what-is-earthing-5220089

Jain, R. (2020, October 8). Crown Chakra: Discover the divine energy of Sahasrara chakra. Arhanta Yoga Ashrams. https://www.arhantayoga.org/blog/crown-chakra-divine-energy-of-sahasrara-chakra/

Jay, S. (2022, August 3). 6 Cleansing Rituals For You & Your Home. Revoloon. https://revoloon.com/shanijay/cleansing-ritual

Jones, L. (2023, January 28). 35 grounding techniques for upsetting thoughts. Claritytherapynyc.com. https://www.claritytherapynyc.com/35-grounding-techniques-for-upsetting-thoughts/

Joseph, B. (2017, February 16). A Definition of Smudging. Ictinc.Ca. https://www.ictinc.ca/blog/a-definition-of-smudging

Julie. (2022a, February 5). Black Tourmaline meaning. Moonrise Crystals. https://moonrisecrystals.com/black-tourmaline-meaning/

Julie. (2022b, February 5). Selenite meaning. Moonrise Crystals. https://moonrisecrystals.com/selenite-meaning/

Julie. (2022c, February 6). Rose Quartz meaning. Moonrise Crystals. https://moonrisecrystals.com/rose-quartz-meaning/

Kyla. (2022, July 19). Aura Cleansing Spray - DIY Sage Spray for Spiritual Cleansing + Protection. A Life Adjacent. https://alifeadjacent.com/aura-cleansing-spray/

Lagman, R. (2021, July 13). Smudge prayer examples - part II: What to say when you're smudging to get rid of spiritual energy. Tribal Trade. https://tribaltradeco.com/blogs/teachings/smudge-prayer-examples-part-ii-what-to-say-when-you-re-smudging-to-get-rid-of-spiritual-energy

Lashi, B. (n.d.). Life Organic Blog [Organic Beauty/Minimalism/Wellness]. Embodyzen.Com. https://www.embodyzen.com/blog/8-step-smoke-bathing-ritual

Lim, E. (2021, November 6). How to create a personal energy shield for protection via visualisation. ILLUMINATION. https://medium.com/illumination/how-to-create-a-personal-energy-shield-for-protection-via-visualisation-23c8af69bc56

Loewe, E. (2021, June 24). 5 Spiritual Smudge Sprays That Are Sustainable Or Indigenous-Made. Mindbodygreen. https://www.mindbodygreen.com/articles/smudge-sprays-what-they-are-4-to-start-with

M., X. (2020, April 2). Smudging for Healing. Villagerockshop.com. https://www.villagerockshop.com/blog/smudging-for-healing/

Maclean, L. (2021, March 22). 7 signs you're under psychic attack & how to stop it (2023). Mysticmag.com; MysticMag. https://www.mysticmag.com/psychic-reading/3-signs-youre-under-psychic-attack/

Majsiak, B., Young, C., & Laube, J. (n.d.). A beginner's guide to breath work practices. Everydayhealth.com. https://www.everydayhealth.com/alternative-health/living-with/ways-practice-breath-focused-meditation/

Marci. (n.d.). Smudge Prayer to Invoke the Four Directions. Marci Cagen. https://marcicagen.com/smudge-prayer-to-invoke-the-four-directions/

McKnight, J. (2020, December 5). 3 effective empath shielding meditations. Planet Meditate. https://planetmeditate.com/empath-shielding-meditation/

McQuerry, L. (n.d.). Make your own Smudge Stick. Moon Magic Co.

Morning, J. (2021, November 15). What is grounding, and how can it help me? Spunout. https://spunout.ie/mental-health/self-care/what-is-grounding

Natural essential oil pure blend smudging sage – island essentials: Natural body & hair care products. (2021, July 12). Island Essentials: Natural Body & Hair Care Products – Natural Body & Hair Care; Island Essentials. https://islandessentials.ca/shop/island-essentials/essential-oils-carrier-oils/essential-oils/essential-oil-blends/natural-essential-oil-pure-blend-smudging-sage/

Nesci, N. (2020, March 4). 5 things everyone needs to know about energy healing. The Growth & Wellness Therapy Centre. https://www.growthwellnesstherapy.com/our-blog/5-things-everyone-needs-to-know-about-energy-healing

No title. (n.d.). Pranaworld.net. https://pranaworld.net/what-is-the-energy-body/

O'Connor, B. (2015, November 23). 7 sacred resins to burn for clearing negative.... Spirituality+Health. https://www.spiritualityhealth.com/blogs/your-creative-spirit/2015/11/23/bess-oconnor-7-sacred-resins-burn-clearing-negative-energy

Obsidian – metaphysical healing properties. (n.d.). CRYSTALS & HOLISTIC HEALING. https://www.healingwithcrystals.net.au/obsidian.html

Obsidian meaning. (n.d.). Anahana.com. https://www.anahana.com/en/lifestyle/crystals/obsidian-meaning

Obsidian meaning: Healing properties & everyday uses. (n.d.). Tiny Rituals. https://tinyrituals.co/blogs/tiny-rituals/obsidian-meaning-healing-properties-everyday-uses

Ohren, K. (2021a, August 8). Citrine healing properties, meanings, and uses. Crystal Vaults. https://www.crystalvaults.com/crystal-encyclopedia/citrine/

Ohren, K. (2021b, August 11). Black Tourmaline healing properties, meanings, and uses. Crystal Vaults. https://www.crystalvaults.com/crystal-encyclopedia/black-tourmaline/

Page, K., & Jane, P. (2017, December 9). 30 sacred herbs for smudging and cleansing purposes. Ilmylunajane. https://www.ilmylunajane.com/single-post/2017/12/09/30-sacred-herbs-for-smudging-and-cleansing-purposes

Pollard, S. (2020, October 13). Make your own smudge sticks to banish bad energy. Hello Nest. https://hellonest.co/diy-smudge-sticks/

Pollard, S. (2022, January 12). How to make your own Rosemary sage Smudge Sticks. Hello Glow. https://helloglow.co/how-to-make-your-own-rosemary-sage-smudge-sticks/

Proctor, B. (2022, April 11). The law of attraction vs. The law of vibration. Proctor Gallagher Institute. https://www.proctorgallagherinstitute.com/47878/the-law-of-attraction-vs-the-law-of-vibration

Regan, S. (2022, April 26). How To Make Your Bath A Spiritual Experience: 16 Tips & Techniques. Mindbodygreen. https://www.mindbodygreen.com/articles/spiritual-bath

Regan, S. (2023, May 10). How Sound Baths Are Revolutionizing Healing + How To Try One For Yourself. Mindbodygreen. https://www.mindbodygreen.com/articles/sound-bath

Rekstis, E. (2022, November 15). Healing Crystals 101: Everything you need to know.

Ress, J. (2019, March 29). How To Use the Healing Powers of Quartz Crystals. SpaGoddess Apothecary. https://spagoddess.com/blogs/spagoddess-wellness-blog/clear-quartz-crystals

Richards, D. (2000). Rose Quartz. Daphne Richards.

Robby. (2021, February 27). The Benefits of Smudging: Why It's an Ancient Tradition. Dr. Lam Coaching – World Renowned Authority on Adrenal Fatigue Recovery. https://www.drlamcoaching.com/blog/benefits-of-smudging/

Rooted Revival. (2023, April 10). 9 sensational cedar smudge stick benefits. Rooted Revival. https://rootedrevival.com/cedar-smudge-stick-benefits/

Rooted Revival. (2023, June 9). 12 fantastic lavender smudge stick benefits. Rooted Revival. https://rootedrevival.com/lavender-smudge-stick-benefits/

Rose Quartz Meaning: Healing properties and everyday uses. (n.d.). Tiny Rituals. https://tinyrituals.co/blogs/tiny-rituals/rose-quartz-meaning-healing-properties-and-everyday-uses

Rose quartz: Meaning, healing properties and powers. (n.d.). Mycrystals.com. https://www.mycrystals.com/meaning/rose-quartz-meaning-and-healing-properties

Ryan, K. (2019, April 29). Supercharge: What you need to know about cleansing crystals. Wanderlust. https://wanderlust.com/journal/supercharge-what-you-need-to-know-about-cleansing-crystals/

Sake, F. P. (2017, September 12). Thirteen Quick Ways to Cleanse Energy. For Puck's Sake. https://www.patheos.com/blogs/matauryn/2017/09/12/thirteen-quick-energy-cleanse/

Salt Water Bath: A Cleansing, Healing, And Nourishing Ritual For Your Mind And Body. (n.d.). Linkedin.Com. https://www.linkedin.com/pulse/salt-water-bath-cleansing-healing-nourishing-ritual-your-mind-/

Salzberg, S. (2022, November 14). How to meditate. Mindful; Mindful Communications & Such PBC. https://www.mindful.org/how-to-meditate/

Selenite meaning: Healing Properties & everyday uses. (n.d.). Tiny Rituals. https://tinyrituals.co/blogs/tiny-rituals/selenite-meaning-healing-properties-everyday-uses

Short, E. (2021, November 10). 7 signs of negative energy in a person. Mål Paper. https://malpaper.com/blogs/news/7-signs-of-negative-energy-in-a-person

Signs of negative energy. (n.d.). WebMD. https://www.webmd.com/balance/signs-negative-energy

Son, N. T. (2023, March 14). 20 how many crystals are there? Advanced Guide 07/2023. Soccercentralph. https://thcsnguyenthanhson.edu.vn/20-how-many-crystals-are-there-advanced-guide/

Spiritual illnesses. (n.d.). Stanford.edu. https://geriatrics.stanford.edu/ethnomed/hmong/fund/spiritual_illnesses.html

Stelter, G. (2016, October 4). Chakras: A beginner's guide to the 7 chakras. Healthline. https://www.healthline.com/health/fitness-exercise/7-chakras

StMU. (2021, September 27). Sweet Grass. StMU; St. Mary's University. https://stmu.ca/sweet-grass/

The College of Psychic Studies : Enlighten : What is a psychic attack. (n.d.). The College of Psychic Studies. https://www.collegeofpsychicstudies.co.uk/enlighten/what-is-a-psychic-attack/

The complete guide to smudging. (n.d.). JL Local. https://jllocal.com/blogs/articles/2

The Sacred Art of Smudging. (n.d.). Kripalu. https://kripalu.org/resources/sacred-art-smudging

Theodora Blanchfield, A. (2022, January 31). How to meditate with crystals. Verywell Mind. https://www.verywellmind.com/how-to-meditate-with-crystals-5214020

TIMESOFINDIA.COM. (2020, September 12). How to identify negative energies at your home and remove them. Times Of India.

https://timesofindia.indiatimes.com/life-style/home-garden/how-to-identify-negative-energies-at-your-home-and-remove-them/articleshow/78075353.cms

UPLIFT. (2017, August 8). The science behind smudging. UPLIFT. https://uplift.love/the-science-behind-smudging/

Ward, K. (2021, December 14). How to program a crystal with your intention, because yes, you should be doing that. Yahoo Sports. https://sports.yahoo.com/program-crystal-intention-because-yes-173400639.html

What Is Shamanic Smudging? (n.d.). Incensewarehouse.Com. https://www.incensewarehouse.com/What-Is-Shamanic-Smudging_ep_30-1.html

White, A. (2018, July 18). 10 benefits of burning sage, how to get started, and more. Healthline. https://www.healthline.com/health/benefits-of-burning-sage

Williams, R. (2018, July 17). Enhance your meditation practice with crystals. Chopra. https://chopra.com/articles/enhance-your-meditation-practice-with-crystals

Willis, K. K. (2016, January 18). Grief and rage: The connection between 4th and 1st chakras. Lucid Body | Acting Classes and Coaching for the Physical Actor. https://lucidbody.com/blog/grief-and-rage-the-connection-between-4th-and-1st-chakras/

Fuentes de imágenes

1 Museo Metropolitano de Arte, CC0, vía Wikimedia Commons: https://commons.wikimedia.org/wiki/File:%22Diana,_Goddess_of_the_Hunt%22,_Folio_from_the_Davis_Album_MET_DP107569.jpg
2 https://commons.wikimedia.org/wiki/File:Wheel_of_the_Year.svg
3 Jakub Jankiewicz (Jcubic), CC0, vía Wikimedia Commons: https://commons.wikimedia.org/wiki/File:Five_elements_and_pentagram.svg
4 https://commons.wikimedia.org/wiki/File:Triple-Goddess-Waxing-Full-Waning-Symbol.svg
5 https://commons.wikimedia.org/wiki/File:Venus_and_Adonis.jpg
6 https://commons.wikimedia.org/wiki/File:Gavin_Hamilton_-_Apollo_and_Artemis,_1770.jpg
7 https://commons.wikimedia.org/wiki/File:Theodoor_van_Thulden_-_Athena_and_Pegasus_(1654).jpg
8 Gunawan Kartapranata, CC BY-SA 3.0 <https://creativecommons.org/licenses/by-sa/3.0>, vía Wikimedia Commons: https://commons.wikimedia.org/wiki/File:Bastet.svg
9 https://commons.wikimedia.org/wiki/File:Marduk_and_pet.jpg
10 https://commons.wikimedia.org/wiki/File:Thecomingofbrideduncan1917.jpg
11 https://commons.wikimedia.org/wiki/File:Ceridwen.jpg
12 https://commons.wikimedia.org/wiki/File:Tanz_der_Dryaden.jpg
13 https://commons.wikimedia.org/wiki/File:Dakshina_Kali_-_19th-century.jpg
14 https://commons.wikimedia.org/wiki/File:Die_Nornen_Urd,_Werdanda,_Skuld,_unter_der_Welteiche_Yggdrasil_by_Ludwig_Burger.jpg

15 https://unsplash.com/photos/fzMgicYhJws
16 https://www.pexels.com/photo/runic-letters-on-wood-chunks-and-ground-with-autumn-leaves-10110445/
17 https://commons.wikimedia.org/wiki/File:Black_Rune_5.svg
18 Ekirahardian, OFL <http://scripts.sil.org/cms/scripts/page.php?item_id=OFL_web>, vía Wikimedia Commons: https://commons.wikimedia.org/wiki/File:RUNIC_LETTER_URUZ_UR_U.svg
19 https://commons.wikimedia.org/wiki/File:Runic_letter_thurisaz.png
20 https://commons.wikimedia.org/wiki/File:B_rune_short-twig.svg
21 Cargador original Berig, GFDL <http://www.gnu.org/copyleft/fdl.html>, vía Wikimedia Commons: https://commons.wikimedia.org/wiki/File:R-runes.png
22 Ekirahardian, OFL <http://scripts.sil.org/cms/scripts/page.php?item_id=OFL_web>, vía Wikimedia Commons: https://commons.wikimedia.org/wiki/File:RUNIC_LETTER_K.svg
23 Ekirahardian, OFL <http://scripts.sil.org/cms/scripts/page.php?item_id=OFL_web>, vía Wikimedia Commons: https://commons.wikimedia.org/wiki/File:RUNIC_LETTER_HAEGL_H.svg
24 https://commons.wikimedia.org/wiki/File:Runic_letter_naudiz.png
25 Ekirahardian, OFL <http://scripts.sil.org/cms/scripts/page.php?item_id=OFL_web>, vía Wikimedia Commons: https://commons.wikimedia.org/wiki/File:RUNIC_LETTER_ISAZ_IS_ISS_I.svg
26 https://commons.wikimedia.org/wiki/File:Runic_letter_ar.svg
27 Haisollokopas, CC BY-SA 4.0 <https://creativecommons.org/licenses/by-sa/4.0>, vía Wikimedia Commons: https://commons.wikimedia.org/wiki/File:Sowilo_(alternate).svg
28 Esta imagen vectorial W3C-no especificada fue creada con Inkscape por Bloodofox y Stannered. W3C-validez no comprobada. Dominio público, vía Wikimedia Commons: https://commons.wikimedia.org/wiki/File:Tiwaz_rune.svg
29 Ekirahardian, OFL <http://scripts.sil.org/cms/scripts/page.php?item_id=OFL_web>, vía Wikimedia Commons: https://commons.wikimedia.org/wiki/File:RUNIC_LETTER_BERKANAN_BEORC_BJARKAN_B.svg
30 Ekirahardian, OFL <http://scripts.sil.org/cms/scripts/page.php?item_id=OFL_web>, vía Wikimedia Commons: https://commons.wikimedia.org/wiki/File:RUNIC_LETTER_MANNAZ_MAN_M.svg
31 Ekirahardian, OFL <http://scripts.sil.org/cms/scripts/page.php?item_id=OFL_web>, vía Wikimedia Commons: https://commons.wikimedia.org/wiki/File:RUNIC_LETTER_LAUKAZ_LAGU_LOGR_L.svg
32 Ekirahardian, OFL <http://scripts.sil.org/cms/scripts/page.php?item_id=OFL_web>, vía Wikimedia Commons: https://commons.wikimedia.org/wiki/File:

RUNIC_LETTER_RAIDO_RAD_REID_R.svg
33 https://unsplash.com/photos/g95sf8-fEQg
34 Rob Lavinsky, iRocks.com - CC-BY-SA-3.0, CC BY-SA 3.0 <https://creativecommons.org/licenses/by-sa/3.0>, vía Wikimedia Commons: https://commons.wikimedia.org/wiki/File:Apophyllite-54502.jpg
35 Ivar Leidus, CC BY-SA 4.0 <https://creativecommons.org/licenses/by-sa/4.0>, vía Wikimedia Commons: https://commons.wikimedia.org/wiki/File:Azurite_-_New_Nevada_Lode,_La_Sal,_Utah,_USA.jpg
36 Rob Lavinsky, iRocks.com - CC-BY-SA-3.0, CC BY-SA 3.0 <https://creativecommons.org/licenses/by-sa/3.0>, vía Wikimedia Commons: https://commons.wikimedia.org/wiki/File:Calcite-20188.jpg
37 Didier Descouens, CC BY-SA 4.0 <https://creativecommons.org/licenses/by-sa/4.0>, vía Wikimedia Commons: https://commons.wikimedia.org/wiki/File:Herkimer.jpg
38 Linas Juozėnas, CC BY-SA 4.0 <https://creativecommons.org/licenses/by-sa/4.0>, vía Wikimedia Commons: https://commons.wikimedia.org/wiki/File:Picture-jasper.jpg
39 Adam Ognisty, CC BY-SA 3.0 <https://creativecommons.org/licenses/by-sa/3.0>, vía Wikimedia Commons: https://commons.wikimedia.org/wiki/File:2_lapis_lazuli.jpg
40 Eric Polk, CC BY-SA 4.0 <https://creativecommons.org/licenses/by-sa/4.0>, vía Wikimedia Commons: https://commons.wikimedia.org/wiki/File:Opal_NHMLA.png
41 https://commons.wikimedia.org/wiki/File:Turquoise.pebble.700pix.jpg
42 https://unsplash.com/photos/83SUHaReev4
43 https://unsplash.com/photos/SzwyWBHwLMk
44 https://unsplash.com/photos/0-c1F9uukx8
45 https://www.pexels.com/photo/man-falling-carton-boxes-with-negative-words-7203956/
46 https://unsplash.com/photos/WzrOg4YzJ5w
47 https://unsplash.com/photos/r3_ZiorB_Ik
48 https://unsplash.com/photos/zVsQmJEd_DA
49 https://unsplash.com/photos/Tinbs_bjKxA
50 https://unsplash.com/photos/78EiTnCtn5U
51 https://unsplash.com/photos/96zlc1Bt51w
52 https://unsplash.com/photos/x5hyhMBjR3M
53 https://unsplash.com/photos/Hn4wYHOaeIc
54 https://unsplash.com/photos/pIY5yM0bmMQ
55 https://unsplash.com/photos/k65_6C4hu2E
56 Marie-Lan Taÿ Pamart, CC BY 4.0 <https://creativecommons.org/licenses/by/4.0>, a través de Wikimedia Commons https://commons.wikimedia.org/wiki/File:Amethyst_Siberia_MNHN_Min%C3%A9ralogie.jpg

57 Jan Helebrant, CC BY-SA 2.0 <https://creativecommons.org/licenses/by-sa/2.0>, a través de Wikimedia Commons https://commons.wikimedia.org/wiki/File:Schorl_black_tourmaline_-_NaFe2%2B3Al6(BO3)3Si6O18(OH)4_(28838960018).jpg

58 https://unsplash.com/photos/vxf-uurQ5rY

59 Bergminer, CC BY-SA 4.0 <https://creativecommons.org/licenses/by-sa/4.0>, a través de Wikimedia Commons https://commons.wikimedia.org/wiki/File:Rose_quartz_Spain.jpg

60 Rama, CC BY-SA 3.0 FR <https://creativecommons.org/licenses/by-sa/3.0/fr/deed.en>, a través de Wikimedia Commons https://commons.wikimedia.org/wiki/File:Citrine_quartz-AMGL_79477-P5030194-black.jpg

61 B. Domangue, CC BY-SA 4.0 <https://creativecommons.org/licenses/by-sa/4.0>, a través de Wikimedia Commons https://commons.wikimedia.org/wiki/File:Obsidian_-_Igneous_Rock.jpg

www.ingramcontent.com/pod-product-compliance
Lightning Source LLC
Chambersburg PA
CBHW051854160426
43209CB00006B/1303